跟谁都能交朋友

中华工商联合出版社

图书在版编目（CIP）数据

跟谁都能交朋友 / 钱静著 . –– 北京：中华工商联
合出版社 , 2017.1
　　ISBN 978–7–5158–1917–4

　　Ⅰ . ①跟… Ⅱ . ①钱… Ⅲ . ①人际关系学 – 通俗读物
Ⅳ . ① C912.11–49

　　中国版本图书馆 CIP 数据核字 (2017) 第 008559 号

跟谁都能交朋友

作　　者：钱　静
责任编辑：吕　莺　张淑娟
封面设计：信宏博·张红运
责任审读：李　征
责任印刷：迈致红
出版发行：中华工商联合出版社有限责任公司
印　　刷：唐山富达印务有限公司
版　　次：2017 年 5 月第 1 版
印　　次：2022 年 2 月第 2 次印刷
开　　本：710mm × 1000mm　1/16
字　　数：200 千字
印　　张：15.75
书　　号：ISBN 978–7–5158–1917–4
定　　价：48.00 元

服务热线：010 – 58301130
销售热线：010 – 58302813
地址邮编：北京市西城区西环广场A座
　　　　　19–20 层，100044
http:// www.chgslcbs.cn
E–mail：cicap1202@sina.com（营销中心）
E–mail：gslzbs@sina.com（总编室）

凡本社图书出现印装质量问
题，请与印务部联系。
联系电话：010 - 58302915

目录

第五章　学会和陌生人建立友谊

第六章　与上司交往的艺术

第九章 与客户交往的艺术

第一章

成功的交际从交谈开始

交谈是一种能力

交谈是一门语言艺术，也是一种能力，它是个人素养中决定成功与否的重要指标之一。一个善于交谈的人，无论做什么事情都会如鱼得水，游刃有余。

相传，在非洲的某个部落，老酋长传位的时候，总要找一个富有智慧的年轻人来继承。酋长用什么方法来考验人的智慧呢？

曾经有一位酋长要考验他看重的一个年轻人。他对年轻人说："请给我做两顿饭：第一顿饭，你去找天下最好的东西来给我做。"这个年轻人做好了，端上来，揭开盖子，老酋长一看，是用动物舌头做了一餐饭。酋长问："为什么你要找动物舌头呢？"这个年轻人说："因为天底下最好的言辞都是说出来的，再也没有比舌头更美的东西。"酋长说："说得对。"就把这顿饭吃了。

酋长接着说："第二顿饭，你去找天下最难吃的东西，拿来也给我做一顿饭。"这个年轻人又做好了。酋长揭开一看，一模一样，还是舌头。酋长问："为什么又给我做了一顿舌头啊？"这个年轻人说："这个世界上真正的灾难都是因为舌头造成的，再没有一样东西比舌头更惹祸的，天底下最坏的东西就是舌头。"

酋长说："好，你已经洞悉了天下的明理，所以这个酋长之位可以传给你了。"

世上之事皆是口舌之事。这一故事恰好说明了交谈的重要性，说明了交谈对人际交往的重要意义。简单地说，交谈就是交流观点和看法，寻求共识，化解矛盾，谋求一致。由此可见，"沟"是手段，"通"是目的。在现实生活中，许多的不愉快、不顺畅、难堪、失败、不幸，均与缺乏交谈或交谈不成功有关系。

在职场中，交谈更是一件很重要的事。不管是对上司、下属、同事还是客户，都需要好的交谈技巧。可以说，如果没有有效的交谈，任何组织都是无法存在的。全球集团总裁罗恩·普里尔说："良好的交谈技巧是一切健康关系的基石。"一个人的能力是有限的，要想在激烈的竞争中充分展现自己的优势，拥有良好的交谈能力是必不可少的。

美国某著名的咨询公司曾进行过一项调查，在谈到世界 500 强企业家成功的因素时，300 位较成功的企业管理人中有 85% 的人认为，他们之所以成功是因为他们善于交谈，善于交流，善于协调，善于说服，善于把自己的理念、思维灌输给他人，能够让他人愿意来帮助他们。而只有 15% 的人认为成功缘于他们的专业知识与运作技巧。

由此可见，交谈是人们进行思想交流、增进了解、取得信任的一种人际交往活动，交谈能力的高低往往会决定一个人的成功与否。

公元前 266 年，赵惠文王死后，太子继位，因其年幼，由母亲赵太后掌权。秦国乘机攻赵，赵国向齐国求援。齐国说，一定要让长安君到齐国做人质，齐国才会发兵。长安君是赵太后宠爱的小儿子，太后不同意。大臣们劝谏，赵太后生气了，说："谁敢再劝我让长安君去齐国，老妇我就要往他脸上吐唾沫！"左师触龙偏在这时候求见赵太后，赵太后怒气冲冲地等着他。

触龙步伐缓慢地来到太后面前，说："臣最近腿脚有毛病，只能慢慢走路，请您见谅。很长时间没有来见太后，我常挂念着您的身体，今天特意来看看您。"太后说："我也是以车代步的。"触龙问："每天饮食大概没有减少吧？"太后说："用些粥罢了。"这样聊着家常，太后的脸色缓和了许多。

触龙说："我的儿子年少才疏，我年老了，很疼爱他，希望能让他当个王宫的卫士。我冒死禀告太后。"太后说："可以。多大了？"触龙说："十五岁，希望在我死之前把他托付给您。"太后问："男人也疼爱自己的小儿子吗？"触龙说："比女人疼得还厉害呢。"太后笑着说："女人才是疼得最厉害的。"

这时，触龙慢慢把话题转向长安君，对太后说："父母疼爱儿子就要替他长远打算。如果您真正疼爱长安君，就应让他为国建立功勋，否则一旦'山陵崩'（婉言太后逝世），长安君靠什么在赵国立足呢？"太后听了，说："好，长安君就听凭你安排吧。"

于是，触龙为长安君准备了上百辆车子，送他到齐国作为人质。之后，齐国派兵救了赵国。

从触龙和赵太后之间的谈话中，我们可以看出触龙很懂得运用交谈的方式和方法。在整个谈话过程中，他谦和、善解人意，尽量避免与赵太后正面冲突。同时，他又站在赵太后的角度想问题，让自己的意见变成赵太后自己的看法。他没有教赵太后需要做什么，而是帮助赵太后自己去发现，最终使看似没有商量余地的赵太后接受了自己的意见。

一个善于交谈的人，可以流利、清晰地表达自己的意愿，并使人乐意倾听与接受；一个善于交谈的人，可以很顺畅地解决许多大大小小的问题。

法国前总统希拉克曾经说过，交谈就是生产力。比如，一场重点明确、层次分明、逻辑严密的演讲可能会带来巨大的经济效益；而一次主次不明、逻辑混乱、不知所云的谈话可能招致巨大的经济损失。此种例子，不胜枚举。

很多有所成就的人，不论是企业家、科学家还是政治家，他们不仅很在乎"说什么"，更在乎"怎么说"。

在美国一个农村住着一个老头，他有三个儿子。大儿子、二儿子都在城里工作，小儿子和他住在一起，父子俩相依为命。

有一天，一个人找到老头，对他说："尊敬的老人家，我想把你的小儿子带到城里去工作，可以吗？"

老头气愤地说："不行，绝对不行，你滚出去吧！"

这个人说："如果我在城里给你的儿子找个对象，可以吗？"

老头摇摇头："不行，你走吧！"

这个人又说："如果我给你儿子找的对象，也就是你未来的儿媳妇，是洛克菲勒的女儿呢？"

这时，老头动心了。

过了几天，这个人找到了美国首富石油大王洛克菲勒，对他说："尊敬的洛克菲勒先生，我想给你的女儿找个对象，可以吗？"

洛克菲勒说："快滚出去吧！"

这个人又说："如果我给你女儿找的对象，也就是你未来的女婿，是世界银行的副总裁，可以吗？"

洛克菲勒同意了。

又过了几天，这个人找到了世界银行总裁，对他说："尊敬的总裁先生，你应该马上任命一个副总裁！"

总裁先生说："不可能，这里这么多副总裁，我为什么还要任命一个副总裁呢，而且必须马上？"

这个人说："如果你任命的这个副总裁是洛克菲勒的女婿，可以吗？"

总裁先生立刻同意了。

可见，掌握交谈的艺术很重要。良好的交谈会让你的好想法和思路能够很好地传递给对方并得到对方的认同，从而产生积极的效果——对方会因为理解和认同你的想法或思路而努力去达成它。所以，无论如何要记住：交谈是一种生产力，能够创造无限的价值。

交谈不当会惹祸

交谈的本质，是把意思、观念、信息传达给别人，并让别人理解的过程。它涉及获取信息或提供信息，并对他人施以影响以理解你的意思并愿意根据你的愿望行事。有了良好的交谈，办起事来就会畅通无阻。否则，就会屡屡碰壁。

一把坚实的大锁挂在铁门上，一根铁杆费了九牛二虎之力，还是无法将它撬开。钥匙来了，它瘦小的身子钻进锁孔，只轻轻一转，那大锁就"啪"的一声打开了。铁杆奇怪地问："为什么我费了那么大力气也打不开，而你却轻而易举地就把它打开了呢？"钥匙说："因为我最了解它的心。"

铁杆只会用蛮力，不懂得交谈之法，所以打不开锁头；钥匙之所以能打开锁头，是因为它了解锁头的"心意"。可见，一个人如果不能有效地交谈，就无法明白和体会对方的意思，就难以把要做的事情做得顺利、圆满。

人与人之间的矛盾，大多数源于交谈和交流的不足。把事情摆出来坦诚地交流，双方积极地去解决问题，才能够有效地化解矛盾。交谈和交流能够加深双方之间的了解，从而实现互相体谅，相互包容，和谐相处。

一天，美国知名主持人林克莱特访问一名孩子，问他说："你长大后想要当什么呀？"孩子天真地回答："嗯……我要当飞机的驾驶员！"林克莱特接着问："如果有一天，你的飞机飞到太平洋上空，所有引擎都熄火了，你会怎么办？"孩子想了想："我会先告诉坐在飞机上的人系好安全带，然后我挂上我的降落伞跳出去。"

当在现场的观众笑得东倒西歪时，林克莱特继续注视着这个孩子，想看他是不是自作聪明。没想到，接着孩子的两行热泪夺眶而出，这才使林克莱特发觉这孩子的悲悯之情远非笔墨所能形容。于是林克莱特问他说："你为什么流泪了？"孩子的答案透露出他真挚的想法："我要去拿燃料，我还要回来！"

可见，没有交流与交谈，就难以达成共识，达不到共识，就难以做到步调一致。交谈的意义是传递与理解。有交谈，才有理解。我们只有通过交谈了解对方的想法，做出恰当的回应，才能使彼此之间达成一致，融洽交际氛围。

在职场中，许多误会、矛盾乃至灾难的发生都源于交谈不顺畅。据调查和研究表明，我们工作中 70% 的错误是由于不善于交谈造成的。员工的执行力不强，其中最大的问题源自于交谈，也就是说执行者没有搞清楚整个事情的来龙去脉就开始执行操作。这不仅会给人带来烦恼，甚至会给企业带来巨大的灾难。

1990 年 1 月 15 日，由于阿维安卡 52 航班飞行员与纽约肯尼迪机场航空交通管理员之间的交谈障碍，导致了一场空难事故，机上 73 名人员全部遇难。

跟谁都能交朋友

当日晚7：40，阿维安卡52航班飞机正飞行在美国南新泽西海岸上空3.7万英尺的高空。机上的油量可以维持近两个小时的飞行，在正常情况下飞机降落至纽约肯尼迪机场仅需不到半小时的时间，可以说油量充足且十分安全。然而，此后却发生了一系列的耽搁。

晚上8点整，肯尼迪机场航空交通管理员通知52航班的飞行员，由于严重的交通问题，飞机必须在机场上空盘旋待命。

8：45，肯尼迪机场的管理员收到52航班的副驾驶员的报告，说飞机的"燃料用完了"。此后，阿维安卡机组成员没有向肯尼迪机场传送任何情况十分危机的信息，但飞机座舱中的机组成员却互相紧张地通知他们的燃料供给出现了危机。在9：24之前，飞机仍没有被批准降落。

9：24，52航班第一次试降失败。由于飞机高度太低以及能见度太差，因而无法保证安全着陆。当肯尼迪机场指示52航班进行第二次试降时，机组成员再次提到飞机的燃料将要用尽，但飞行员却告诉管理员新分配的飞机跑道"可行"。

9：31，飞机的两个引擎失灵。一分钟后，另外两个也停止了工作。最终，耗尽了燃料的飞机于9：34坠落于长岛，机上73名人员全部遇难。

当调查人员调察了飞机驾驶舱中的磁带，并与当班的机场管理员讨论之后，他们发现导致这场悲剧的原因是交谈的障碍。为什么一个简单的信息既未被清楚地传递，又未被充分地接收呢？

这其中有两点原因。

首先，52航班的飞行员一直说他们"油量不足"，机场交通管理员告诉调查员这是飞行员经常使用的一句话，当被延误时，管理员认为每架飞机都存在燃料问题。但是，如果飞行员发出"燃料危急"的呼声，那么管理员有义务优先为其导航，并尽可能地允许其着陆。一位机场管理员指出："如果飞行员表明情况十分危急，那么所有的规则程序都可以不顾，我们会尽可能以最快的速度引导其降落的。"遗憾的是，52航班的飞行员从未说过"情况危急"，所以肯尼迪机场的管理员一直未理解飞行员所面对的真正困境。

其次，52航班飞行员在向管理员传递有关燃料危机的严重信息时，语调平缓。许多管理员接受过专门的训练，可以在这种情境下捕捉到飞行员声音中极细微的语调变化。尽管52航班的机组成员表现了对燃料问题的极大忧虑，但他们对肯尼迪机场传达信息的语调却是冷静而"职业化"的。

由此可见，没有良好的交谈，就没有顺利的执行，工作就会出现问题。完美的交谈是经过传递后，接收者感知到的信息与发送者发出的信息完全一致。著名组织管理学家巴纳德认为"交谈是把一个组织中的成员联系在一起，以实现共同目标的手段"。组织中各个部门和各个职位是相互依存的，依存性越大，对协调的需要越高，而协调只有通过交谈才能实现。没有恰当的交谈，人就会对工作有错误的理解，使工作任务不能正确圆满地完成。

交谈是人们获取信息并在其指导下更加出色地进行工作必经的核心过程。良好的交谈意味着把我们的思想整理得井然有序，并将其进行恰当的表述，使别人一听就懂。所以在交谈中，我们需要协调好与他人之间的交谈方式，确保交谈的顺利进行。

良好的交谈是提升执行力的保证

常言说得好："三分战略，七分执行。"不管决策多好、思路多清，如果不付诸实施，不执行到位，一切都会成为纸上谈兵。对个人而言，执行力就是办事能力；对团队而言，执行力就是战斗力；对企业而言，执行力就是经营能力。没有执行力，再好的战略和决策都实现不了，正如 ABB 公司董事长巴巴维克所说："任何组织的成功，都是 5% 正确的决策加上 95% 高效的执行，没有执行，一切等于 0。"

良好的交谈是提升执行力的保证。企业战略能否得到有效执行，取决于战略是否具有可执行性，是否得到企业员工的普遍认同，战略实施过程中企业各种资源和能力能否得到有效协调，以及战略执行能否得到有效控制。而这一切又都取决于工作过程中的交谈效果。

在实际的工作过程中，我们常见到这样的现象：大家一起交谈过了，但是最后没有形成一个有效的协议，大家就各自去工作了。由于对交谈内容的理解不同，又没有达成协议，最终造成工作效率低下，双方又增添了很多矛盾。

1986 年，神秘的哈雷彗星出现在地球上空，人们用肉眼能够看到这颗拖着"长尾巴"的彗星。据说某部队为这难得一见的天文现象传达了这样的命令：

营长对值班军官说：明晚大约 8 点钟，哈雷彗星将可能在这个地区看到，这种彗星每隔 76 年才能看到一次。命令所有的士兵穿野战服在操场上集合，我将向他们解释这一罕见的现象。如果下雨的话，就在礼堂集合，我将为他们放一部有关彗星的影片。

值班军官对连长说：根据营长的命令，明晚 8 点，哈雷彗星将在操场上空出现。如果下雨的话，就让士兵穿着野战服列队前往礼堂，这一罕见的现象将在那里出现。

连长对排长说：根据营长的命令，明晚 8 点，非凡的哈雷彗星将军将身穿野战服在礼堂出现。如果操场上下雨，营长将下达另一个命令，这种命令每隔 76 年才会出现一次。

排长对班长说：明晚 8 点，营长将带着哈雷彗星在礼堂出现，这是每隔 76 年才有的事。如果下雨的话，营长将命令彗星穿好野战服到操场上去。

班长对士兵说：在明晚 8 点下雨的时候，著名的 76 岁的哈雷将军将在营长的陪同下，身着野战服，开着他那"彗星"牌汽车，经过操场前往礼堂。

由此可见，层层之间未能有效交谈，最终"命令"走样。所以良好的交谈是具备执行力的前提条件，如果交谈不畅，上情不能下达，下意不能上传，意思都没搞清楚，何来执行力？

较强的执行力，不是靠企业的某一部门或者某一个人就能做好的，它需要所有执行者共同来协调好内部资源。执行力的强弱很大程度上依赖于各个环节的交谈能力的强弱。有效交谈就是将信息优质地传递给大家，要做到及时不失真，传递对象要明确，传递目标要明确。如果不能进行有效的交谈，那么就无法做到上情下达、顺利地开展工作。

俗话说："好的交谈是成功的一半。"在工作中，只要我们通过有效的交谈，群策群力，集思广益，自上而下形成合力，执行就一定会顺畅。

在企业中，要想提高执行力，就必须使管理者和员工从思想上做到有效交流，使领导所想的和员工所想的得到有效的统一。

有效交谈是提升执行力的基础。提升执行力，就要进行充分的交谈，对完成目标任务取得较为一致的认同。否则，上面再好的决策经过中、下层执行的"七折八扣"，都会走样。由于交谈的不畅，工作中就会出现等待、应付、低效、协调不力、无序等现象，直接导致上下或者横向信息不平衡、信息不畅通、信息不全面，造成不必要的管理浪费。因此，公司内部成员之间、部门之间的交谈十分重要。

有效交谈可以促使企业员工就企业的目标、计划、实施及各个部门、各个岗位所应承担的责任等形成共识，自觉将企业目标和个人目标统一起来，激发员工执行战略的积极性、主动性和创造性，从而增强企业战略的凝聚力和向心力，整体提升企业的执行力。

在交谈中碰撞出创新的"火花"

创新来源于信息的交流和思想的碰撞，创建一种可以自由交流意见和思想的氛围是十分重要的。

在国外，有一些公司的总裁非常重视通过交谈碰撞出创新的灵感。如通用电气著名的"克劳顿村"，定期把优秀的经理集中起来由总裁和他们交流，以时刻使公司的员工充满激情；微软的总裁比尔·盖茨、通用电气的总裁杰克·韦尔奇等，对全体员工公布自己的电子信箱，用大量的时间来回复员工的来信，使许多伟大的创意在不经意的电子邮件里"孵化"出来，成就了商业的经典。

由此可见，员工中间蕴藏着无穷无尽的创造力，只要通过良好的交谈，就会激发他们的创新思维，进而推动企业的发展。

加拿大的美泰玩具公司为了提高销售利润，尝试实施引入新的销售渠道，在这期间，各部门之间的交流发挥了至关重要的作用。

由于玩具行业周期性强，库存积压的问题多年来一直让这家公司头疼。这些库存只能靠大幅打折来抛售，这就压低了整个销售的利润水平。

跟谁都能交朋友

由于仓库距离加拿大的一座大城市比较近，一些员工建议为仓库增设一个处理品零售店。虽然有多名经理称赞这是个好主意，却并没有付诸行动。很明显，这要归咎于销售部门和配送部门之间的矛盾，但是没有人愿意公开面对这些矛盾。

在销售、配送和其他一些部门进行了一次开诚布公、实事求是的交谈讨论之后，公司最终成功完成了玩具处理的创新。这些部门终于认识到，他们都能从处理品零售店身上获益。避免打折让销售部保持了更好的赢利水平，不再把旧库存倒来倒去让配送部节省了时间，财务部也因为库存减少而释放了资金。

美泰玩具公司通过交流的方法，不但解决了各部门的困难，还进行了销售模式的创新，因而赢利有了很大提升。

这个事例充分说明：通过交谈的方式，公司上下的员工都能公开交流对一些关键问题的看法，有利于整个公司的创新。

一个人所掌握的知识、技能及经验都是有限的。如果你想要适应不断变化的外部世界，就必须凭借交谈来获得别人的宝贵经验。著名作家萧伯纳曾经说过："假如你有一个苹果，我有一个苹果，彼此交换后，我们每人仍只有一个苹果。但是，如果你有一种思想，我有一种思想，那么彼此交换后，我们每个人都有两种思想。甚至，两种思想发生碰撞，还可以产生出两种思想之外的其他思想。"

罗宾·维勒曾是美国一家小规模皮鞋工场的老板，经过几年的辛苦经营，他已经拥有了18家规模庞大的皮鞋工场。

皮鞋工场一多起来，做皮鞋的技工便显得供不应求了。最令罗宾·维勒头疼的是，别的皮鞋工场尽可能地把工资提高，挽留自己的工人，即便罗宾·维勒出重资，也难以把其他工场的工人拉出来。缺乏工人对罗宾·维勒来说是一道致命的难关。因为他接到了不少订单，却无法给买主及时供货，而这意味着他得赔偿巨额的违约金。

罗宾·维勒忧心忡忡。他召集18家皮鞋工场的工人召开了一次会议，把没有工人可雇用的难题告诉大家，要求大家各尽其力地寻找解决途径，并且重新宣布了奖励办法。

会场一片沉默，与会者都陷入思考之中，搜肠刮肚地想办法。

过了一会儿，有一个小工举手请求发言。罗宾·维勒同意之后，他站起来怯生生地说："罗宾先生，我以为雇请不到工人无关紧要，我们可用机器来制造皮鞋。"

罗宾·维勒还来不及发表意见，就有人嘲笑那个小工："孩子，用什么机器来造鞋呀？你是不是可以造一种这样的机器呢？"

那小工窘得满面通红，惴惴不安地坐了下去。

罗宾·维勒却走到那小工的身边，请他站起来，然后挽着他的手走到主席台上，朗声说道："诸位，这孩子没有说错，虽然他还没有造出一种造皮鞋的机器，但他的这个办法却很重要，大有用处。只要我们围绕这个概念想办法，问题定会迎刃而解。现在，我宣告这个孩子可获得500美元的奖金。"

于是，罗宾·维勒根据那个小工提出的思路，立即组织专家研究生产鞋子的机器。4个月后，机器生产了出来。从此，世界进入了机器生产鞋子的时代，罗宾也由此成为美国著名的鞋业大王。

跟谁都能交朋友

由此可见，人只要开动脑筋，经常与他人交谈，善于交谈，就能在交谈中得到许多信息，而将这些信息加以有效利用，就能实现创新。

良好的交谈是思想创新的制胜法宝，有交谈才会有创新，有创新才会有出路，有出路才会成功。只要我们善于利用"交谈"这一利器，就能够激发出无限的创造灵感，找到成功的突破口。

借助良好交谈化解矛盾

有这样一个故事：

两个旅行中的天使到一个富有的家庭借宿。这家人对他们并不友好，拒绝让他们在舒适的客房过夜，而是在冰冷的地下室给他们找了一个角落。当他们铺床时，较老的天使发现墙上有一个洞，就顺手把它修补好了。年轻的天使问为什么，老天使答道："有些事并不像看上去那样。"

第二晚，两个天使到了一个非常贫穷的农家借宿。主人夫妇俩对他们非常热情，把仅有的一点点食物拿出来款待客人，又让出自己的床铺给两个天使。第二天一早，两个天使发现农夫和他的妻子在哭泣，他们唯一的生活来源——一头奶牛死了。年轻的天使非常愤怒，质问老天使为什么会这样：第一个家庭什么都有，老天使还帮他们修补墙洞；第二个家庭尽管如此贫穷却还是热情款待客人，而老天使却没有阻止奶牛的死亡。

"有些事并不像它看上去那样。"老天使答道，"当我们在地下室过夜时，我从墙洞看到墙里面堆满了金块。因为主人被贪欲所迷惑，不愿意让别人来分享这笔财富，所以我把墙洞补上了。

跟谁都能交朋友

昨天晚上，死亡之神来召唤农夫的妻子，我让奶牛代替了她。所以有些事并不像看上去那样。"

　　这个故事告诉我们：有些时候，事情并不是它实际表现出来的样子。由于不了解事情的真相，难免会造成误会。有效的交谈则可以弄清楚事情的真相，也可以校正自己在某些方面的偏差。如果人们都能够很好地进行交谈，那么就不会引起误解，就不会发生争执。人与人之间之所以出现疏远、隔阂、提防、误解、冲突、分歧等，从某种程度上说就是因为人与人之间的交谈没有保持通畅。

　　春秋时期，孔子和他的弟子一起周游列国，游说讲学。路上经过一个小国，因为国内大旱，遍地饥荒，几乎没有任何食物可以充饥。大家都饿得头昏眼花。于是，颜回让众人休息，他亲自去附近的另一个小国买回了食物，并且忍着饥饿给大家做饭。不消片刻，米饭的香味就四散飘出。饥肠辘辘的孔子缓步走向厨房，想看看饭是否已经好了。不料孔子走到厨房门口时，看见颜回掀起锅的盖子看了一会儿，便伸手抓起一团饭来，匆匆塞入口中。孔子看到颜回的举动，心中顿生一股怒气，想不到自己最钟爱的弟子竟然偷吃饭！

　　颜回双手捧着一碗香喷喷的白米饭端给孔子时，孔子沉着脸生闷气。孔子看到颜回手中的米饭说道："因为天地的恩德，我们才能生存，这饭不应该先敬我，而要先敬天地才是。"颜回说："不，这些饭无法敬天地，我已经吃过了。"孔子心生不快，生气地说："你既知道，为什么还自行先吃？"颜回笑了笑："我刚才掀开锅盖想看饭煮熟了没有，正巧顶上大梁有老鼠窜过，落下一片不知是尘土还是老鼠屎的东西，正好掉在锅里。我怕坏了整锅饭，赶忙一把抓起，又舍不得浪费那团饭粒，就顺手塞进嘴里。"

听到此处，孔子恍然大悟。原来有时连亲眼所见的事情也未必就是真实的。只靠臆测就很可能造成误会。于是孔子欣慰地接过颜回捧给自己的饭。

从这个小故事中，我们可以看出交谈的重要性。如果颜回没有和孔子及时交谈，那么孔子就很有可能会错怪颜回，并且对他失望，认为他是一个行为不端之人；而颜回自此也就不能得到孔子的厚爱。这样的结果对谁都不公平。由此可见，人与人之间的交流、交谈如果不及时、不顺畅，就不能将自己真实的想法告诉对方，很有可能造成误解。

在我们的工作当中，有许多问题也是由于交谈不当或缺少交谈造成的，结果是不可避免地产生误解。

有一天晚上，索尼公司董事长盛田昭夫按照惯例走进职工餐厅与职工一起就餐、聊天。他多年来一直保持着这个与员工交谈的习惯，以培养员工的合作意识，并维持与他们的良好关系。

这天，盛田昭夫发现一位年轻职工郁郁寡欢、满腹心事，他闷头吃饭，谁也不理。于是，盛田昭夫就主动坐在这位员工对面，与他攀谈起来。几杯酒下肚之后，这位员工终于开口了："我毕业于东京大学，原有一份待遇十分优厚的工作。进入索尼之前，对索尼公司崇拜得发狂。当时，我认为进入索尼，是我一生的最佳选择。但是，现在才发现，我不是在为索尼工作，而是为课长干活。坦率地说，我这位课长是个无能之辈，更可悲的是，我所有的行动与建议都得课长批准。我自己的一些小发明与改进，课长不仅不支持、不解释，还挖苦我癞蛤蟆想吃天鹅肉，有野心。我十分泄气，心灰意懒。这就是索尼？这就是我的索尼？我居然放弃了那份优厚的工作来到这种地方！"

这番话令盛田昭夫十分震惊。他想，类似的问题在公司内部员工中恐怕不少，管理者应该关心他们的苦恼，了解他们的处境，不能堵塞他们的上进之路，于是他产生了改革人事管理制度的想法。之后，索尼公司开始每周出版一次内部小报，刊登公司各部门的"求人广告"，员工可以自由而秘密地前去应聘，他们的上司无权阻止。

另外，索尼原则上每隔两年就让员工调换一次工作，特别是对于那些精力旺盛、干劲十足的人才，不是让他们被动地等待工作，而是主动给他们施展才能的机会。索尼公司在实行内部招聘制度以后，有能力的人才大多能找到自己较中意的岗位，而人力资源部门也可以发现那些"流出"人才的上司所存在的问题。

人与人之间交谈，一定不要忽视交谈的双向性。作为管理者，应该有主动与下属交谈的胸怀；而作为下属，也应该积极与管理者交谈，说出自己心中的想法。只有大家都真诚地交谈，双方密切配合，那么企业才可能发展得更好、更快。

说话须留余地

生活中说大话的人很常见，他们给人的感觉是信心满满，要么动辄打包票说一切包在自己身上，要么就赌咒起誓说肯定没问题。听的人以为他们说的都是对的，可事后却往往失望地发现他们不过是在"吹牛皮"而已。

话不说满，就是给自己留了余地，让自己有机会周旋，不至于被逼得太紧。试想一下，如果你事先跟人家拍着胸脯说好的事情最后没有完成，人家从此可能就把你当成"牛皮大王"了，说不定因为你的失误还会给对方造成重大的损失。

某公司新研发了一个项目，老板将此事交给了下属于亮，问他："有没有问题？"

于亮拍着胸脯回答说："没问题，放心吧！"

过了三天，没有任何动静。老板问于亮进度如何，他才老实说："没有想象中那么简单！"

虽然老板同意于亮继续努力，但对他拍胸脯的信誓旦旦已经开始反感。

自以为是的人最容易把话说满。他们总觉得自己的见解没有错，能力超出他人，常常不容他人分辩，对事情爱盖棺论定，不留余地。其实，要知道，杯子入水常留有空间，是为了轻轻晃动时不会把水溢出来；气球留有空间，是为了不会因轻微的挤压而爆炸；人说话留有空间，是为了防止意外发生而让自己"下不了台"。人大都讨厌空话大话连篇或吹得天花乱坠的人，因为实际行动不见几分，难免让人觉得你华而不实、难以信任。

不把话说满，也是给自己留了更大的上升空间。每个人都对别人有预期，比如领导交给你工作时，心里早就掂量过了你是否胜任；朋友请你帮忙，也早就揣摩过了你是否合适。这时如果你像上例的于亮一样拍胸脯、打"包票"，就会让对方在心里对你抱有很高的期望。到时候即便是你应对方的要求全做好了，对方也会觉得好像少了点什么。因为你的大话和自信让对方对你的期望太高了。所以，如果不是真有本事，千万别打"包票"。

反过来说，如果你在接受任务和请求的时候谨慎考虑，比如接到任务时对领导说"这样的事情我还没有做过，没有经验，不过我会请教一下老同事，尽力而为的"，由于你给自己留下了余地，又表达了真诚和认真的态度，领导就会降低对你的期望，这样即便你只做好了80%，领导也会对你大加赞赏；如果你做到了100%，领导更会喜出望外。一句话，因为你没有把话说满，就给自己留下了超出别人预期的机会。

有能力做到的事情不要说大话，没有能力做到的事情和尚未动手的事情就更不能说大话了。万一不能实践诺言，那就既影响了自己的声誉，也耽误了他人的事情。

　　冯美娜出身优越，从不缺钱花，去过很多不同的国家旅游观光。为了表现自己并非一味享受挥霍的人，在很多次同学聚会上，她放出话来，说自己一定要去非洲做慈善事业，为非洲的贫困儿童做出一点贡献。刚开始她说这话，大家还相信，可是说多了，她却始终没有动静。一个同学忍不住问了一句："那你在中国，为希望工程捐过一分钱吗？"冯美娜小声说了句："我忘了捐没捐。"那位同学断定她根本没捐过，说："你连中国的孩子都帮助不了，还去非洲做什么慈善啊！不如赶紧从眼前这点做起吧。"一句话说得冯美娜很是尴尬。

　　人们都说言行要一致，确实是这样。话不说满，体现在行动上。生活中咄咄逼人的人很常见，他们发现了别人的小缺点或者小秘密，便像抓住了把柄一样，非要置人于"死地"不可。如果遇到了这样的人，即便是再小的错误也会被渲染成天大的罪过；即便是微不足道的利益，也会成为他志在必得的目标。这样的人爱把事情做绝。其实，得饶人处且饶人，不妨放宽一点，宽容别人也是为自己日后铺路。放过别人，就是放过自己。

　　话不说满，事不做绝，其实也是中庸之道的体现，是一种温和的处世方式。不说大话，避免给别人带来压力，也避免招致他人厌恶；事不做绝，给别人一条"生路"的同时，也给自己积下了"福德"。人一时得意，有时要由以后的失意来"偿还"；人一时猖狂，有时会由以后的低落来体现。所以，说话做事留有余地，是保护自己的好办法。

交谈是合作的基础

交谈是为了一个设定好的目标，把信息、思想和情感，在个人或群体间传递，并且达成共同协议的过程。一个人要想在激烈的竞争中脱颖而出，不仅需要较高的学识，更需要拥有很强的交谈和沟通能力。在团队合作中，几乎每一件事都离不开有效交谈，无论是为了给他人施加正面的影响，还是为了理解他人的处境和想法，或者想说服他人支持自己的建议或行动，或者邀请他人参与到自己的团队或计划中来，如果我们想赢得他人的理解与支持，就要征求他人的需要及想法，让他人出于自愿的合作，所以良好的交谈能力是我们必须具备的职业素质。

《圣经·旧约》中有这样一个故事：

很久以前，人类讲的是同一种语言。他们在底格里斯河和幼发拉底河之间发现了一块异常肥沃的土地，于是就在那里定居下来，修起城池，建造起了繁华的巴比伦城。

后来，人们的日子越过越好，他们为自己的业绩感到骄傲，决定在巴比伦修一座通天的高塔，来传颂自己的赫赫威名，并作为集合全天下人的标记。

因为大家语言相通，齐心协力，阶梯式的通天塔修建得非常顺利，很快就高耸入云。

浩大的工程惊动了上帝，他立即下来视察。上帝一看，又惊又怒，因为上帝是不允许凡人达到自己的高度的。他看到人们这样统一强大，心想：人们讲同样的语言，就能建起这样的巨塔，日后还有什么办不成的事情呢？于是，上帝决定让人世间的语言发生混乱，使人们互相之间言语不通。

人们各自讲起不同的语言，感情无法交流，思想很难统一，难免出现互相猜疑、各执己见、争吵斗殴之事。这是语言"不通"造成误解的开始。

工程因语言纷争而停止，人类合作的力量消失了，通天塔的建设最终半途而废。

交谈带来理解，理解带来合作。人们如果不能很好地交谈，就无法理解对方的意图；不理解对方的意图，就不可能进行有效的合作。

合作前的交谈是日后合作是否顺利的重要前提。交谈是搭建一座桥梁，使心与心交流。通过相互间的"交谈"，不仅能增加相互的理解，还会由于相互的理解而得到相互的支持，最大限度地减少一些不必要的误会与麻烦，做起工作来也会更加得心应手。

阿东明天就要参加高中毕业典礼了，他高高兴兴地上街买了条裤子，可惜裤子长了两寸。吃晚饭的时候，趁奶奶、妈妈和嫂子都在场，阿东把裤子长两寸的问题说了一下，饭桌上大家都没有反应。饭后大家都去忙自己的事情，这件事情就没有再被提起。

跟谁都能交朋友

　　妈妈睡得比较晚，临睡前想起儿子明天要穿的裤子还长两寸，于是悄悄地一个人把裤子剪好叠放回原处。

　　半夜里，狂风大作，窗户"咣"的一声关上，把嫂子惊醒了。嫂子猛然醒悟到小叔子裤子长两寸，自己辈分最小，怎么也是自己去做，于是披衣起床，将裤子处理好才又安然入睡。

　　奶奶每天一大早醒来给孙子做早饭上学，趁水未开的时候，想起孙子的裤子长两寸，马上快刀斩乱麻，又把裤子剪了两寸。

　　最后阿东只好穿着短了四寸的裤子去参加毕业典礼了。

　　这个故事听起来有点好笑，但我们身边确实有很多类似的事情不断地发生。"裤子短了四寸"是小事，但它带给我们的警示却是深刻的。

　　其实，故事中三位主人公只要有一点点的交流沟通，就不会让原本长两寸的裤子在一夜之间短了四寸。试想，如果同样的事情发生在我们的企业、我们的项目中，带给我们的将是多么巨大而无法弥补的损失啊，这是任何人都不愿看到也不愿经历的事情。

　　团队合作需要默契，一个团队仅有良好的愿望和热情是不够的，要积极引导，并依靠良好的交谈来分工协作，这样才能使大家的力量形成合力！

第二章

好的交谈者能迅速建立信任感

尊重他人是交往的第一步

一个颇有名望的美国富商在路边散步时，遇到一个衣衫褴褛、摆地摊卖旧书的年轻人，这个年轻人在寒风中啃着面包。有着同样苦难经历的富商顿生一股怜悯之情，便不假思索地掏出8美元塞到年轻人的手中，然后头也不回地走了。

没走多远，富商忽然觉得这样做不妥，于是连忙又返回来，从地摊上拿了两本旧书，并抱歉地解释说自己忘了取书，希望年轻人不要介意。最后，富商对年轻人说："其实，您和我一样也是商人。"

两年之后，富商应邀参加一个慈善募捐会时，一位西装革履的年轻人走了过来，紧握着富商的手不无感激地说："先生，您可能早忘记我了，但我永远也不会忘记你。我原来一直认为，我这一生只有摆摊乞讨的命运，直到你亲口对我说，我和你一样都是商人，这才使我树立了自尊和自信，从而创造了今天的成绩……"

富商万万没有想到，他两年前一句普通的话竟能使一个自卑的人树立了自尊心，使一个穷困潦倒的人找回了自信心，使一个自以为一无是处的人看到了自己的优势和价值，并通过自强不息的努力获得了成功，改变了命运。

跟谁都能交朋友

哲学家威廉·詹姆士说："潜藏在人们内心深处的最深层次的动力，是想被人承认、想受人尊重的欲望。"

渴望受人喜爱、受人尊敬、受人崇拜，这是人类天生的本性。但是，有取必有予，人希望获得什么，就必须首先有付出。这是获得别人的尊重的前提条件。

法国著名的将军狄龙在他的回忆录中曾讲过这样一件事：

第一次世界大战期间的一次恶战中，他带领第 80 步兵团进攻一个城堡，但遭到了敌人顽强的抵抗，步兵团被对方压住无法前行。狄龙情急之下大声对他的部下说："谁设法炸毁城堡，谁就能得到 1000 法郎。"

狄龙认为士兵们肯定会前仆后继，但是没有一位士兵敢冲向城堡。狄龙将军恼怒异常，大声责骂部下懦弱，有辱法兰西的军威。

一位军士长听罢，大声对狄龙说："长官，要是你不提悬赏，全体士兵都会发起冲锋。"

狄龙听罢，转而发出另外一个命令："全体士兵，为了法兰西，前进。"

结果，整个步兵团从掩体里冲出来，最后，全团 1194 名士兵只有 90 人生还。

对于一个军人来说，如果用金钱驱使他们作战，无疑是奇耻大辱。因为，在他们看来，他们的尊严得到尊重比生命还重要。尊重的力量，在关键时刻会起到决定性的作用。

尊重他人，与他人交往就有了良好的开端。没有尊重的交往是不可能持续下去的。迈克就曾因不尊重他人而付出了沉重的代价。事情是这样的：

迈克是一家小服装公司的老板，其公司产品大都通过一家外贸公司销往国外。迈克的公司与这家外贸公司长期合作，保持着很好的业务往来。

在一次谈判中，迈克极力劝说外贸公司和他们扩大贸易范围，但外贸公司的胖子经理就是不答应。迈克费尽了口舌，依然一无所获。此时，迈克恼羞成怒，胖子经理刚走，他就对手下人说："你看那胖子，往公司大门口一站，蚊子就只有侧着身子才能挤过来。"恰巧这时胖子经理回来取忘了拿的手机，听到了迈克的嘲讽。

胖子经理看了看迈克，什么都没说，拿起手机就走了，迈克甚是尴尬。之后他多次想方设法赔礼道歉，但胖子经理始终未置可否。此后，他们两家公司逐渐减少了合作，直至分道扬镳。迈克为此损失甚多。

"己所不欲，勿施于人"，是尊重他人的基本原则。如果你能以平等的姿态与人交往，对方会觉得受到尊重，继而对你产生好感；相反的，如果你自觉高人一等、居高临下、盛气凌人地与人交往，他人会感到自尊受到了伤害而拒绝与你来往。

有一次，拿破仑·希尔和办公室大楼的管理员发生了一场误会。这场误会导致了他们两人之间相互憎恨，甚至演变成了激烈的敌对状态。

这位管理人员为了表现他对拿破仑·希尔一个人在办公室工作的不满，就把大楼的电灯总开关全部关掉。这种情形已连续发

跟谁都能交朋友

生了几次，这次又是，拿破仑·希尔坐在办公桌前写一篇准备在第二天晚上发表的演讲稿，当他刚刚在书桌前坐好时，电灯熄灭了。

拿破仑·希尔立刻跳起来，奔向大楼地下室，找到了那位管理员并破口大骂。他以无比难听的话语对管理员痛骂，直到再也找不出更多的骂人的词句了，只好放慢了语速。谁知管理员并不生气，他脸上露出开朗的微笑，并以柔和的声调说道："我们敌对了如此长时间，我已经不想与你敌对了，今天是贴出通知停电的，你没看到？今天你是否有点激动？"

管理员的话似一把锐利的剑，一下子刺进拿破仑·希尔的身体。拿破仑·希尔的良心受到了谴责。待他控制住了自己的情绪后，他平静了下来，他知道，他失败了，而且更糟糕的是，他是主动的，又是错误的一方，这一切只会更增加他的羞辱。于是，拿破仑·希尔歉意地说："对不起！我为我刚才的行为道歉——如果你愿意接受的话。"管理员脸上露出了微笑，他说："你用不着向我道歉。除了这四堵墙壁以及你和我之外，并没有人听见你刚才说的话。我不会把它传出去的。我也知道你也不会说出去的。因此我们不如就把此事忘了吧？"

拿破仑·希尔向管理员走过去，抓住他的手，使劲握了握。拿破仑·希尔不仅是用手和管理员握手，更是用心和管理员握手。在走回办公室的途中，拿破仑·希尔感到心情十分愉快，因为他终于鼓起勇气，化解了自己做错的事。

尊重，首先要学会控制自己的情绪，这对于每个人而言都是相当重要的，它是人成功的前提，更是人正常生活、工作的保证。

微笑帮你开启交往的大门

在这个世界上，有一种全人类的共同语言，它就是"微笑"。微笑是有魔力的，它会感染身边的人，使人与人在交往的过程中关系更加融洽。

真诚自然的微笑，会使人们的交往变得魅力十足。微笑是最有力量的话语，能驱散沟通的误区，扫清情绪的阴霾，驱走恐惧的笼罩，营造和谐的气氛，让人与人真诚地交往。

有这样一个真实的例子：

一天，约瑟夫去拜访一位客户，但是很可惜，他们没有达成协议。约瑟夫很苦恼，回来后把事情的经过告诉给了经理。经理耐心地听完了约瑟夫的讲述，沉默了一会儿说："你不妨再去一次，但要调整好自己的心态，多运用微笑，用你的微笑打动对方，这样他就能看出你的诚意了。"

约瑟夫试着去做了，他自始至终地微笑着。结果对方也被约瑟夫感染了，他们愉快地签订了协议。

约瑟夫已经结婚 18 年了，每天起来因忙着去上班，顾不上与自己的太太打招呼，他也很少对太太微笑，太太常常抱怨约瑟

跟谁都能交朋友

夫。约瑟夫决定试一试，看看微笑会给他们的婚姻带来什么不同。

第二天早上，约瑟夫照镜子时，就对着镜子微笑起来，当他坐下来开始吃早餐的时候，他微笑着跟太太打招呼，给太太道一句"辛苦"。太太惊愕不已，同时非常兴奋。约瑟夫感受幸福似乎比过去多了。出门上班时，约瑟夫和太太道一句"再见"；进办公楼时，对大楼门口的电梯管理员微笑，对保安微笑。约瑟夫发现当他以笑容对别人时，别人同时也对他微笑。一段时间之后，他发现微笑带给他更多的益处。现在约瑟夫除了微笑，还经常真诚地赞美他人。他试着从别人的观点看事情。他发现生活在变化，他收获了更多的快乐和友谊。

微笑能缩短彼此间的距离，使人愿意和你接近。喜欢微笑着面对他人的人，往往更容易走入他人的天地。难怪有人说交往要从微笑开始。

无论在家里、在办公室，甚至在途中，遇见陌生人，只要你有微笑的习惯，肯定会收到意想不到的良好效果。专业推销员有一门课，每天清早洗漱时，总要花两三分钟时间，面对镜子训练自己的微笑，甚至将之视为每天的例行工作。

英国有句谚语："一副好的面孔就是一封介绍信。"如果我们想要与别人友好交往，那么，必须养成微笑的习惯。

一次，底特律的哥堡大厅举行了巨大的汽艇展览会，在展览会上，从小帆船到豪华的游艇应有尽有。

一天，一位来自中东某一产油国的富翁，站在一艘展览的大船前，对站在他面前的推销员说："我想买这艘价值2000万美元的汽船。"这对推销员来说本是天大的好事。可是，那位推销员由于跟别人正聊天，只是看看这位顾客，以为他在说"胡话"，并不予理会，富翁走开了。

富翁继续参观，到了下一艘陈列的船前，这次招待他的是一位满脸笑容的推销员。这位推销员脸上挂满了热情的微笑，那微笑就像太阳一样灿烂，富翁又一次说："我想买艘价值 2000 万美元的汽船。""没问题！"这位推销员说，他的脸上挂着微笑，"我会为你介绍我们的汽船系列。"随后，便微笑着推销他的产品。

很快，这位富翁签了一张 500 万美元的支票作为订金，并且他对这位推销员说："我喜欢人的微笑，你现在已经用微笑向我推销了你自己。明天我会带一张 2000 万美元的保付支票来。"

言出必行，第二天这位富翁果真带了一张保付支票过来，购下了价值 2000 万美元的汽船。

推销员用微笑把自己和产品推销出去了，据说，在那宗生意中，他可以得到 20% 的提成，而前一个厂家的那个推销员，则让自己与好运擦肩而过。看，这就是微笑的魅力。可见，养成微笑的习惯是多么地重要。

微笑，是最好的交往工具，因为微笑是友好的标志，是亲近的桥梁。微笑可以化干戈为玉帛，调节人与人之间的关系，更可以创造快乐的气氛，微笑在社交中是能发挥极大作用的。

在我们的交往中不能缺少微笑。微笑是人们温馨而怡人的另一种语言！微笑不仅能够展示自己的自信，也传递了一种热情的态度，有微笑，让他人开口说话会变得轻松。

跟谁都能交朋友

微笑是富有感染力的，一个小小的微笑能带来轻松的气氛，能使双方得以融洽交谈，建立友谊；微笑还能将别人的怒气化为理解和善意的爱心，因此，无论是在生活中，还是在工作中，只要人不吝惜微笑，往往就能够受到欢迎。

有这样一个例子：

飞机起飞前，一位乘客请求空姐给他倒一杯水吃药。空姐很有礼貌地说："先生，为了您的安全，请稍等片刻，等飞机进入平稳飞行后，我会立刻把水给您送过来。好吗？"

15 分钟后，飞机进入了平稳飞行状态。突然，乘客服务铃急促地响了起来，空姐猛然意识到：糟了，由于太忙，忘记给那位乘客倒水了！

空姐连忙来到客舱，小心翼翼地把水送到那位乘客跟前，面带微笑地说："先生，实在是对不起，由于我的疏忽，延误了您吃药的时间，我感到非常抱歉。"

这位乘客抬起左手，指着手表说道："怎么回事？有你这样服务的吗？你看看，都过了多久了？"

空姐手里端着水，心里感到很委屈。但是，无论她怎么解释，这位挑剔的乘客都不肯原谅她的疏忽。

接下来的飞行途中，为了弥补自己的过失，空姐每次去客舱给乘客服务时，都会特意走到那位乘客面前，面带微笑地询问他是否需要水，或者别的什么帮助。然而，那位乘客余怒未消，摆出一副不合作的样子，并不理会空姐。

临到目的地前，那位乘客要求空姐把留言本给他送过去。很显然，他要投诉这名空姐。此时，空姐心里虽然很委屈，但是仍然不失职业道德，非常有礼貌而且面带微笑地说道："先生，请允许我再次向您表示真诚的歉意，无论你提出什么意见，我都将欣然接受您的批评！"

那位乘客脸色一紧，准备说什么，却没有开口。他接过留言本，在上面写了起来。飞机安全降落，所有的乘客陆续离开后，空姐打开留言本，惊奇地发现，那位乘客在本子上写下的并不是投诉信，而是一封热情洋溢的表扬信。

是什么使得这位挑剔的乘客最终放弃了投诉呢？在信中，空姐读到这样一句话："在整个过程中，你表现出的真诚的歉意，特别是你的 12 次微笑，深深打动了我，使我最终决定将投诉信写成表扬信！你的服务质量很高。下次如果有机会，我还将乘坐你们的这趟航班！"

由此可见，微笑表现出友善、谦恭等美好的感情因素，是向他人发射出的理解、宽容、信任的信号。在交往中我们需要微笑，它是人们相互理解、建立感情的重要手段。

英国诗人雪莱说："微笑，实在是仁爱的象征、快乐的源泉、亲近别人的媒介，有了微笑，人们的感情就更融洽了。"的确如此，微笑如同一座美丽的桥梁，架在彼此心灵的溪流上；因为灿烂的微笑，人与人之间不再有距离。

说话时按顺序"出牌"

在社会交往中，资历、辈分很重要。有些角色，是只有坐在某个位置上的人才能扮演的；有些决策，是只有具备一定身份的人才能做出的；有些场合，只有某个层级的人才能领"风骚"。一个人若不分级别地乱说话，往往会成为职场的"牺牲品"。不按照顺序做事情，不分级别地乱说话，不仅是对上级的一种不尊重，更是对上级职权的一种挑衅，这是绝对不被容许的；因此，在谈话中，按顺序"出牌"很重要。

可是，很多职场中雄心勃勃的年轻人不明白这样的道理，他们不仅希望自己能够在职场中站稳脚跟，还希望能够拥有一席之地，让自己大展拳脚。电视剧《杜拉拉升职记》中的帕米拉就是越级报告的"牺牲品"。

帕米拉是杜拉拉招来的行政主管。她工作能力强，对于杜拉拉交代的工作，总能完成得十分出色。她虽然在刚进公司的时候跟两位下属闹过矛盾，但这也是她树立起权威的一种方式。帕米拉是个骄傲的女孩，她时常流露出来的骄傲与优越，让身为行政经理的杜拉拉有些反感。毕竟，这样一个聪明伶俐又能干的下属，对自己多少算是一种潜在的"威胁"。而且，从日常工作的一些小事中以及帕米拉对待下属的态度上，杜拉拉发现她的人品存在一些问题。真正让杜拉拉忍受不了的是，帕米拉不把杜拉拉当上司，在很多事上自作主张，越级去找老板解决工作上的问题。杜拉拉发现了其在简历上造假的事，最终，以诚信问题为由炒掉了她。

其实，在工作中，"越位"说话对上下级关系有很大影响，这样的下属也很容易被上司视为"危险角色"，从而对其保持一定的戒备，甚至设法"制裁"。为了避免这种情况发生在自己身上，我们必须对自己的言语格外谨慎，否则就会引来不必要的麻烦。

刚刚大学毕业的小冰，在一家公司的市场部做专员。她的顶头上司是公司刚从国外重金挖回来的吕文。小冰对吕文存有畏惧之心，在他面前诚惶诚恐，反而觉得同事小荣亲切有加。因此，小冰在工作上遇到什么难事都去问小荣。小荣也乐意回答，教了小冰不少东西。

这天，碰巧小荣休假，小冰带着自己工作上的问题诚惶诚恐地找到吕文。吕文专门把小冰约到了会议室，不仅回答了小冰的疑问，还夸奖小冰做事认真。比起小荣，上司吕文的解答十分简短，但逻辑严密、滴水不漏，小冰不禁心生钦佩。接着，吕文又仔细询问了小冰工作一个月的感受，小冰据实回答，并谦虚地表示自己年轻、经验少，希望以后的工作中吕文多多指教。吕文冷淡地说："过去的一个月我没有过多地过问你的工作，你也做得不错。今后要更加努力，尽量靠自己的能力解决问题，实在解决不了可以来找我。"

跟谁都能交朋友

一个月后，小荣因为家庭原因办了离职手续。小冰坚持要给小荣办一个送别宴，请小荣吃饭，感谢他两个月以来的倾囊相授。席间，小冰无奈地说了一句："吕文似乎对我不太满意，为什么呢？"小荣反问道："他是你的顶头上司，你过去两个月里是否给了他充分的尊重？"看小冰没反应，小荣只得耐着性子说："吕文这个人架子不小、脾气不好，众所周知。但他是我们的主管，你凡事要多向他请示、汇报，以示尊重。"小冰顿感委屈："我每次请示他都不怎么搭理我，好像我在耽误他的时间。"小荣劝道："时间长了你就明白了，对待吕文要见缝插针，看他比较空闲或者状态比较好的时候多跟他聊聊，也可以定期把所做的工作写邮件汇报给他。吕文是专业的渠道市场经理，经验丰富，可以教给你很多东西。"接着，小冰又聊到了很多地区销售不配合渠道市场的工作、交报表拖拖拉拉的问题。小荣说："这就是我告诫你的要平等地工作，你不是他们的下属，就算级别比他们低，也不必怕得罪他们，可以多借助上司和总裁的力量。"

受到启发的小冰决心利用这一个月的理论与实践，挑战一下地区销售的不良习惯。月末的例会前，小冰把历次数据整理过程中销售配合度不高的问题跟吕文进行讨论，并提出了一套规范流程，吕文表示赞同，并让小冰发邮件郑重告知各地的销售人员认真遵守，否则就通报批评，并抄送给部门的重要主管。这样做避免了小冰在与销售人员沟通时，职位不够高，不能够用命令行事的问题。

月初，又到了交销售报表的时间，当天大部分销售人员以整齐划一的格式按时上交数据，但是上海销售人员还是把原始表格扔给了小冰。当下小冰强压着怒气，回复了邮件，并抄送给公司高管，指责上海销售人员没有按照指定的格式提交报表。随后，几位高管马上在上海销售人员的邮件后追加了一封邮件，批评了这种错误的做法，并警告所有销售人员下个月要认真按照市场部的要求提交报表。

领导说了话，下属才敢去执行。小冰之所以能够避免同事们的闲言闲语，就是学会了什么时候才轮到自己说话的缘故。小冰不是单枪匹马地与同事们"战斗"，而是让主要的领导发话，让各部门配合自己的工作。跟领导沟通好了，该你说话时你再说话，才能不伤害他人的自尊，你也才能做好本职工作。

"做好功课"，将心比心

交谈是一门艺术。在交谈的过程中，如果不了解对方的立场、感受及想法，我们就无法正确地思考与回应。只有理解对方的感受，从对方的立场来看事情，才可以使交谈顺畅，更容易达到目的。因此，"知己知彼、将心比心"是交谈的原则。

有这样一则寓言：

一只鸡、一只绵羊和一头乳牛被关在同一个畜栏里。有一天早上，牧人进来捉鸡，鸡大声地叫着，猛烈地反抗。绵羊和乳牛很讨厌鸡的叫声，便一起责备鸡："你吵什么呀，他常常捉我们，我们并不大呼小叫。"鸡听了回答道："他捉你们和捉我完全是两回事。他捉你们，只是要你们的毛和乳汁，但是捉我，却是要我的命呢！"

这是一则寓言，它形象地说明了一个简单的道理：理解别人是不容易的，需要将心比心。

每个人在社会上都扮演着一定的角色，在交际过程中，人们都是以具体角色出现的。由于人们长期习惯于从自己的角色出发来看待自己对待别人的行为，所以认识往往带有不同程度的片面性。例如，顾客认为营业员不尽职责，营业员却觉得顾客是在找麻烦；当领导的觉得下属不服从管理，当下属的觉得上级不了解实际情况……因为角色不同，理解出现问题，人际交往就会发生冲突，不能相互尊重，最终造成交往不畅和交谈障碍。

人要想克服这种交谈障碍，就要进行换位思考，即设身处地地为对方着想，假使自己处在对方的位置上会怎么样。

有一位母亲很喜欢带着五岁的孩子逛商店，孩子却总是不愿意去。母亲觉得很奇怪，商店里的东西琳琅满目，孩子为什么不喜欢呢？直到有一次，孩子的鞋带开了，母亲蹲下身子为孩子系鞋带，突然发现了一种从未见过的可怕景象：眼前晃动着的全是腿和胳膊。于是，她抱起孩子，快步走出商店。从此，即使是必须带孩子去商店的时候，她也是把孩子抱在怀中。母亲学会了"蹲下身来看看孩子的世界"，站在孩子的角度想问题，孩子也不再讨厌逛商店了。

其人的认识难免受到主观认识等诸多条件的限制，如果不能冲破这些条条框框的限制，人就很难得到正确的认识。以"换位思考"的方式与人进行交谈，可以帮助我们在一定范围和条件下克服这种局限性，有效观察、体会和分析问题，改变原有不正确的认识。

有一位主管看见一位员工没有在自己的工作岗位上，而是在室内休息，本打算上前询问缘由，可一想，与其劈头盖脸地说员工一通，还不如自己以身作则，及时替这位员工为客户服务。该主管在忙时，别的员工告诉他，那位员工已经感冒好几天了，却坚持带病工作,刚才实在挺不住了,才进屋休息一会儿。主管了解这一情况后,及时将这位患病的员工替换下来,让其回家休息。

我们常说遇事要将心比心。人是有感情的社会性动物,需要别人的理解。学会换位思考能够帮助我们通过转换立场来发现新问题、寻求新答案,克服自我中心主义或先入为主的种种主观偏见,打破旧的思维框架或心理定式,客观公允地审视和认识自我的实际情况以及与客体的真实关系。

总之,换位思考是为了人与人之间相互了解,沟通顺畅,是人与人之间交往、交流的平台,它密切了人们之间的关系,增进了人们之间的情感,是人与人之间交往的桥梁与纽带。

赞美是交往的"润滑剂"

赞美，是交际中不可缺少的。几句适度的赞美，可使对方产生亲近心理。

莎士比亚曾经说过："赞美是照在人心灵上的阳光。没有阳光，我们就不能生长。"赞美作为一种与他人交谈的技巧，不但可以消除人际间的龃龉和怨恨，还可以轻易说服对方接受自己的观点，有时甚至可以改变人的一生。

清朝出现过一部叫《一笑》的书，里面记载了这样一则笑话：

古时有一个说客，当众夸口说："小人虽不才，但极善奉承。平生有一愿，要将1000顶高帽子戴给我最先遇到的1000个人，现在已送出了999顶，只剩下最后一顶了。"一长者听后摇头说道："我偏不信，你那最后一顶用什么方法也戴不到我的头上。"说客一听，忙拱手道："先生说得极是，不才从南到北，闯了大半辈子，但像先生这样秉性刚直、不喜奉承的人，委实没有！"长者顿时手抚胡须，得意地说："你真算得上是了解我的人啊！"听了这话，那位说客立即哈哈大笑："恭喜恭喜，我这最后一顶帽子刚刚送给先生你了。"

这只是一则笑话，却有深刻的寓意。其中除了那位说客的机智外，更包含着人们一般无法拒绝赞美之词的道理。之所以如此，最主要的原因在于赞美他人能满足他人的自我心理。如果你能以诚挚的敬意和真心实意的赞扬满足一个人的自我心理，那么任何一个人都可能变得更通情达理、更乐于合作。

赞美之于人心，如阳光之于万物。在我们的生活中，人人需要赞美，人人喜欢赞美。很多时间，寻求赞美不是虚荣心的表现，而是渴求上进，寻求理解、支持与鼓励的表现。父母经常赞美孩子，家庭气氛就会和睦、欢乐；领导经常赞美下级，员工的积极性、创造性就会不断被激发和调动。爱听赞美，出于人的自尊需求，是一种正常的心理需求。人经常听到真诚的赞美，明白自身的价值获得了社会的肯定，也有助于增强自尊心、自信心。

有的人吝惜赞美，很难给予别人一句赞美的话，他们不懂得，多正面引导，多表扬鼓励，是交谈的一种方式。予人以真诚的赞美，体现了对人的尊重、期望与信任，有助于增进彼此间的了解和友谊，是协调人际关系的好方法。人人皆有可赞美之处，只不过长处与优点有大有小、有多有少、有隐有显罢了。只要细心，你就能发现他人身上的"闪光点"。

心理学家威廉姆·杰尔士说过一句话："人性最深切的要求就是渴望别人的欣赏。"在人与人的交往中，适当赞美对方，会增强彼此之间和谐、温暖和美好的感情。丘吉尔曾经说："你要别人具有怎样的优点，你就要怎样地去赞美他。"实事求是，而不是夸张地赞美，真诚地而不是虚伪地赞美，会有助于规范对方的行为。

人们喜欢恰如其分的赞美，不喜欢天马行空的"乱吹乱捧"。不适度的赞美会使刚开始的交谈走向结束。

在人类的天性中，有一点是共同的，那就是希望得到别人的喜欢，希望能在别人的赞美声中感受到自我价值的实现。且不说优秀、杰出的人物身上有许多闪光点，即使是普通人，他们身上也有许多优秀品质值得去赞美。因此，在日常交往中，善于发现别人身上的优点，恰到好处地赞扬别人，不仅能起到鼓舞对方的作用，也能密切人与人之间的关系。

赞美别人，既要有诚意，也要讲究口才与方法。下面是需要注意的几点：

1. 因人而异，突出个性

人的素质有高低之分，年龄有长幼之别。赞美要因人而异，突出个性。有特点的赞美比一般化的赞美能收到更好的效果。有过突出成就的人总希望别人不忘记他"想当年"的业绩与雄风，同其交谈时，可多称赞他引以为豪的过去；对现在努力拼搏并取得成绩的人不妨语气稍为"夸张"地赞扬他的创造才能和开拓精神，并举出几点实例证明他的确前程似锦；对于经商的人，可称赞他头脑灵活、生财有道。当然这一切要依据事实，切不可虚夸。

2. 实事求是，措辞适当

实事求是，是指赞扬应以事实为依据，这与"阿谀奉承"有本质区别。"阿谀奉承"是出自主观的愿望，是为了一己之私，有着明显的巴结奉承的目的。而真诚的赞扬则是在客观事实的基础上，是一种真情的流露，旨在使人快乐，与人进行有感情的交谈。

真诚的赞扬除了要以事实为依据外，措辞也要适当。主要应注意两个方面：一是不要夸张；二是不要过分。

不要夸张，是指赞美时语言应该朴实、自然，不要有任何修饰的成分，不要夸大其词。

不要过分，指的是赞美要适度，有的话说一次两次、一句两句就足以使对方快乐。如果一句赞扬话说过多次或者在某个人身上"堆"上太多溢美之词，反而会使对方认为自己"不配"，甚至会疑心你的动机不纯。

3. 赞美的内容要具体

赞美要具体，不能含糊其辞。含糊其辞的赞美可能会使对方混乱、窘迫，甚至紧张。赞美越具体，说明你对对方越了解，彼此关系也更亲密。

克莱斯勒公司专门为罗斯福总统制造了一辆汽车，因为总统下肢瘫痪，不能使用普通的小汽车。工程师把汽车送到了白宫，总统立刻对它表现出极大的兴趣，说："我觉得不可思议，你只要按下按钮，车子就开起来，驾驶毫不费力，真妙。"总统的朋友和同事们也在一旁欣赏汽车，总统于是又当着大家的面夸奖："我真感谢你们花费时间研制了这辆车，这是件了不起的事。"总统接着欣赏了散热器、特制后视镜、钟、车灯等，换句话说，他注意并提到了每一个细节，他知道工人为这些细节花费了不少心思。这种具体的赞美让工人们感觉到总统的真心实意。

4. 赞美要合乎时宜

赞美要收到预期的效果在于相机行事、适可而止，真正做到

"美酒饮到微醉后，好花看到半开时"。

当有人计划做一件有意义的事时，开头的赞美能激励他下决心做出成绩，中间的赞美有益于他再接再厉，结尾的赞美则可以肯定他的成绩，指出进一步的努力方向，达到"赞扬一个，激励一批"的效果。

5. 赞美要恰如其分

恰如其分，就是避免空泛、含糊、夸大，而要具体、确切。赞美的不一定非是大事不可，即使是别人一个很小的优点或长处，只要能给予恰如其分的赞美，同样能收到好的效果。

一次会议上，何处长在总结工作提到发表文章比较多的小杨时表扬道："小杨同志肯动脑子，好钻研，近来成果很多，发表了七篇文章。其他年轻同志要向他学习，搞些成果出来。"话音未落，就有一位年轻的部下插话说："水平不能以文章来定，文章的好坏不能以发表的多少来定。发表文章多并不一定说水平高，也有可能是文字垃圾多。有的人一辈子就发表一篇或几篇文章，影响却很大，难道说水平低吗？"何处长被问了个瞠目结舌，不得不解释一番。结果弄得大家都扫兴而归。

何处长的尴尬不在于他没有根据，而是有据却无理，他的表扬经不起推敲，有"水分"，太夸张，所以其他人心里不痛快，把他的赞美给堵了回去。可见，赞美要恰如其分，具体、确切。

肢体语言也能传情达意

肢体语言又称身体语言，是指通过身体的各种动作来传达人的思想，从而代替语言达到表情达意的目的。

很多人相信肢体语言能揭示人的内心世界，甚至比口头语言表达更真实、更可信。人类学家雷·博威斯特研究发现，在一次面对面的交流中，语言所传递的信息量在总信息量中所占的比例还不到 35%，超过 65% 的信息是通过非语言交流方式完成的。有人对发生于 20 世纪七八十年代的上千次销售和谈判过程做了详细的研究，结果表明，商务会谈中谈判桌上 60%~80% 的决定是在肢体语言的影响下做出的。在某些情况下肢体语言甚至可以取代话语的地位，发挥传递信息的作用。

也许你还没意识到你的每一个动作会有这么大的影响，但是不要忘了，每个观察你的人都是业余心理学家，他们会不由自主地、相当准确地分析你的每一个动作，正如你也常常不经意地在分析别人一样。

在很多场合，通过你的走路姿势、站姿、坐姿、神态、表情、目光等，你已经用无声的、丰富的语言在告诉人们你是谁，你有什么心态，你是领导者还是被领导者，是对生活充满自信的成功者还是消极对待人生的失败者。

刚刚毕业的李小姐在参加某外资公司的招聘面试时，主考官让她将椅子挪近一点坐，她并没有在意这一细节，放椅子时发出了较大的响声，结果失去了这份工作机会。事后，这位李小姐深有感触地说："我当时把应聘可能考虑的细节全注意到了，比如衣着整洁干净，自荐材料制作精美，回答问题也可以说是干净利落，但万万没有想到主考官要我挪椅子竟然也是一种考法。"

无独有偶。某名牌大学的一个毕业生到一家公司去求职。在面试时，这位自我感觉良好的大学生一进门就坐在沙发上，跷起二郎腿，还不时地摇动。如果在家里，这是个再平常不过的姿势，但在面试的情境中很不合适。结果，负责面试的人连一个问题也没有问，只是客气地说："回去等消息吧。"最终的结果可想而知，他失去了一个很好的工作机会。

心理学教授马拉比认为，肢体语言可以用于了解交流者之间的关系、条件和处境，了解他们是职业型的、亲朋型的，还是上下级、师生或其他关系。通过肢体语言，我们可以表达语言所不能表达的内容，与人交流时，肢体语言可以展示我们自己，拉近双方之间的距离，可见肢体语言是多么地微妙！

目前，有许多用人单位在招聘人才时，设置了一定的"门槛"，不仅要求人才具备较高的学历、专业知识以及技能，还要求人才具有较好的修养和心理素质。肢体语言的作用提醒求职者在面试时要注意每一个细节。

跟谁都能交朋友

　　一位应届毕业生在应聘一家广告公司的职位时，就很好地把握了肢体语言的表达这一点。事后他绘声绘色地说："应聘不同于谈判，不能用眼睛逼视对方，这样会使对方产生一种戒备心理，不利于面对面地进行交流。因此，面试时，我的眼睛通常只盯住主考官鼻尖下方到嘴唇上方的那个部位，这样，对方在说话时我能够集中注意力去听，并能够迅速地调动思维，做到准确及时地回答问题；而且我的表情不会过于拘谨，可以始终保持自然，再不时配以真诚的微笑，表示我对他所说的话能够理解和认可，所以我们之间谈得很融洽，这次应聘很顺利。"

　　在商业领域和政治领域，很多领导者们深刻理解肢体语言在表达情感中的作用。肢体语言的这种作用被美国作家威廉姆·丹福思这样描述："当我经过一个昂首、收下颌、放平肩膀、收腹的人面前时，他对于我来说是一个激励，我也会不由自主地站直。"因此，很多"大牌"人物会将肢体语言的训练当作一门重要的功课，并通过这种有意识的训练，形成优雅的举止。

　　在戴安娜葬礼的电视节目中，人们会很快地区别出皇室人员和非皇族的社会名流。因为皇族成员从小就经受了正规、传统的皇家标准礼仪训练，他们的每一个举止都流露着自豪、高贵和优雅。无论你多么不喜欢查尔斯王子，但不得不承认他确实能够从普通人中脱颖而出。他没有太多的动作，但是他与众不同。他的双手永远不会防范地放在腹前，而这个微妙的动作，可以把久经风云的大政治家、皇族成员和普通人区分开，把一个自信的人和一个腼腆的人区分开。

丘吉尔首相有一个经典手势——"V"形手势。比如，他在当选首相的时候，在发表演说的时候，在盟军登陆诺曼底的时候，在法西斯土崩瓦解的时候，总是喜欢伸出食指和中指，做出一个豪迈的"V"形手势。现在，"V"形手势已成为世界通用的手势。正如他的夫人克莱门蒂娜于1953年12月10日代丘吉尔领取诺贝尔文学奖时所说："在黑暗的年代里，他的言语以及与之相应的行动，唤起了世界各地千百万人心中的信念和希望。"

法国的戴高乐在发表演讲时总是耸起双肩，做出要抓住天空的手势，用来有效地"煽动"人们的情绪。

这种利用各种"手的表情"来增强说服力的方法并不限于政界或演讲中，在人际交往中要想增强说服力或得到对方肯定，手可以说是一个十分重要的"道具"。在日常的生活、工作中，为了让别人对你有一个更好的印象，一定要注意运用好手势、表情，以帮助你交流。

下面，为大家介绍一下肢体语言的特征和象征意义，以便在与他人的交流中能够更好地利用。

1. 目光与面部表情

眼睛可以反映人的情绪、态度和情感变化。情绪变化首先反应在瞳孔变化上。情绪由中性向愉悦改变，瞳孔会不自觉扩大；面对使人厌恶的刺激物，瞳孔会明显缩小。情绪状态由"晴"转"阴"时，亦有同样反应。俗话说，"眼睛是心灵的窗户"，人交谈时如果缺少目光交流的支持，将会使交谈过程变得不愉快，而且很困难。

跟谁都能交朋友

面部借助数十块肌肉的运动来准确传达人不同的心态和情感。任何一种面部表情都是由面部肌肉的整体功能所致，面部某些特定部位的肌肉对于表达某些特殊情感的作用更明显。嘴、颊、眉、额是表现愉悦的关键部位；鼻、颊、嘴可表现厌恶；眉、额、眼睛、眼睑常用来表现哀伤；眼睛和眼睑常用来表现恐惧。当目光与面部表情不一致时，目光是表达个体真实心态的有效线索。

2. 肢体动作

谈到由肢体动作表达情绪时，我们会想到很多惯用动作的含义。比如：

鼓掌：表示兴奋。

顿足：代表生气。

垂头：代表沮丧。

捶胸：代表痛苦。

摆手：表示制止或否定。

双手外推：表示拒绝。

双手外摊：表示无可奈何。

双臂外展：表示阻拦。

搔头或搔颈：表示困惑。

搓手、拽衣领：表示紧张。

拍头：表示自责。

耸肩：表示不以为然或无可奈何。

双手举过头顶：表示暴怒。

双手往上伸直：表示激动。

双手枕在头下：表示舒展。

一只手托着下巴：表示疑惑。

耸肩、双手外摊：表示不感兴趣。

颔首、双手放在胸前：表示害羞。

3. 身体运动和触摸

（1）身体运动是个体最易观察的一种肢体语言。其中手势语占有重要位置。

（2）触摸是人际交谈的有力方式。人在触摸和进行身体接触时情感体验最为深刻。日常生活中，身体接触是表达某些强烈情感的方式。

4. 人际距离

人类学家观察发现，人们在面对面的情境中，常因彼此间情感的亲疏不同，而不自觉地保持不同的距离：最亲密的人，彼此间距离可以接近到 0.5 米；有私交的朋友间，彼此间距离可以接近到 0.5~1.25 米；一般公共场所的陌生人交谈时，彼此间距离通常维持在 3 米以上。这种因情感亲疏而表现的人际间距离的变化，在心理学上称为人际距离。显然，人际距离的变化，是双方当事人交谈时在肢体语言上的一种情感性的表示：彼此熟悉者，就亲近一点；彼此陌生时，就保持距离；如一方企图向对方接近，对方将自觉地后退，仍然保持相当的距离。

会"进言"，巧说服

　　"进言"是一门学问。进言时有强有力的说服力，不仅会使我们在人生的旅途中获得更多的机遇，更重要的是它所带给我们的那种对自己人生有把握的自信和雄心。

　　说服别人不是凭软磨硬泡，而要依靠交谈的技巧。忠言作为真诚帮助他人的一种形式，它的初衷必须是善意的。既然是善意的，献言者就应想方设法把话说得让人容易接受，尽量不说逆耳之言。所以仅有"为别人好"的善意献言还不够，要使献言变成对方能接受的忠言，献言者就必须掌握"进言"的技巧，否则就会收到反效果。

　　《伊索寓言》中有这样一则故事：

　　风与太阳因为谁的威力大而争论不休。他们协商进行一次比赛：看看谁能令游客脱掉斗篷，谁的威力就更大。

　　"我会把他的斗篷吹掉而赢得比赛。"风夸口说。于是，它使劲地吹。但是每当风一吹过，游客就拼命地抓紧斗篷。显然，风夸下的海口不能兑现。

　　太阳走出云层，开始照耀游客，只有几分钟的时间，游客就脱掉了斗篷，并去树下纳凉。

我们每一个人都处在一定的社会关系中，几乎每时每刻都在与别人打交道，为协调人际关系，把事情办好，有必要掌握一定的"进言"技巧。

1. 以退为进

在"进言"时，首先应该想方设法地调节谈话的气氛。如果你和颜悦色地用提问的方式代替命令，并给对方以维护自尊和荣誉的机会，气氛就是友好而和谐的，说服也就容易成功；反之，在说服时不尊重他人，摆出一副盛气凌人的架势，那么"进言"多半是要失败的。

有一位中学老师接管了一个班的班主任工作，正好赶上学校安排各班级学生参加平整操场的劳动。这个班的学生躲在阴凉处，谁也不肯干活，老师怎么说都不起作用。后来这个老师想到一个以退为进的办法，他问学生们："我知道你们并不是怕干活，而是都很怕热吧？"学生们谁也不愿说自己懒惰，便七嘴八舌地说确实是因为天气太热了。老师说："既然是这样，那我们就等太阳下山再干活，现在我们可以痛痛快快地玩。"学生一听，就高兴了。老师为了使气氛更热烈一些，还买了几十个雪糕让大家解暑。在说说笑笑的玩乐中，学生接受了老师的说服，不等太阳落山就开始愉快地劳动了。

人都是有自尊心的，就连孩童也有自尊心，谁都不希望自己被他人不费力地说服而受其支配，高超的说服是让自己和别人心里都痛快。

2. "反其道而行之"

在"进言"的艺术中，反语是一种极端的迂回术。反语是指正话反说，以委婉和欲擒故纵的方式，找到合适的角度，从而达到比直言陈说更为有效的说服效果。

任何语言表达都有着约定俗成的习惯性规则。在特定的情况下，人们会出于表达的需要打破习惯的约束，反其道而行之，这样便形成了反语。反语是一种极端的拐弯抹角，是一种彻底的迂回表达，有时能起到很好的效果。

楚庄王很爱马，他最喜欢的一匹马死了，他非常伤心，下令以上等棺木和大夫的礼节厚葬它。文臣武将纷纷劝阻，却无济于事，最后楚庄王下决心说："谁敢再劝阻，一定把谁处死。"

优孟知道后，直入宫门，仰天大哭。楚庄王对此很纳闷，迫不及待地问是怎么回事。优孟说："那马是大王最喜欢的，却只用大夫的礼节安葬它，未免有点寒酸了，请用君王的礼节吧！"楚庄王有点糊涂，优孟继续说："请以美玉雕成棺，让各国使节共同举哀，以最高的礼仪祭祀它。让各国诸侯听到后，都知道大王把马看得比人都重要。"

至此，楚庄王恍然大悟，赶紧请教优孟如何弥补自己的过失。最后，楚庄王把那匹马的肉煮熟了请各位大臣食用。

优孟的地位非常低微，如果他直陈利弊，凛然赴义，固然令人肃然起敬，却不会起到说服的效果。然而，他正话反说，力挽狂澜，所做所言不是起到了更好的效果吗？可见，在说服别人的过程中，巧妙地利用反语，有时会更有说服力。

3. 动之以情，晓之以理

人的思想是复杂的，人对某一事物不理解，想不通，往往就会疑虑重重，这就需要"进言"者把道理说透。疑虑消除了，自然就达到了说服和劝导的目的。但消除别人的疑虑并不是一件很容易的事，需要一点一点地把道理讲透彻，动之以情，晓之以理。

动之以情，晓之以理，需要以理服人，摆事实、讲道理，让对方从你讲的道理中领悟，从而接受你的意见，按照你的意见行事。需要注意的是劝导、说服要抓住要害，否则，喋喋不休，即使磨破嘴皮，也只是隔靴搔痒，不能解决问题。

新中国成立初期的一天，陈毅市长到一家纺织厂里，他笑着说："老板，我冒昧来访，欢迎不？"

这位老板正为一件事发愁，便发起牢骚来："陈市长，今天工会又来要我废除'抄身制'。不当家不知柴米贵。工人下班有抄身婆搜身，还经常丢纱呢，如果取消'抄身制'，纱厂不被偷光才怪呢！"陈毅品了品茶，不紧不慢地说："要说办工厂，我要拜你为师。因为我只当过工人，没有经营过工厂嘛！要说管理工人、教育工人，你要向我学习哩！我参加了革命后，就一直搞群众宣传、组织群众的工作，在这方面我可以给你当参谋，还带'长'呢！你倒是要我这参谋，还是不要？"老板连声说："要，要，请您快说。""我在法国当过工人。那个工厂大得很，老板也比你厉害得多。厂子四周筑起高墙，拉上电网，还雇了一大帮带枪的警察，对每个下班的工人从头搜到脚，那股细的劲头，身上硬是连一根钉也藏不住。但结果呢？原料、零件还是大量丢失，为什么呢？老板把工人只当成会说话的工具，劳动很重，工资很少，工人实在无法养家糊口，工厂赚了钱对工人毫无好处，他们为什么不拿呢？现在不同！工人翻身当了主人了，他们懂得生产经营搞得好，新中国才能富强起来，工人才能改善待遇。你们虽是私营企业，但也是新民主主义经济的一个组成部分，一样可以有利于国、有利于民。所以，以我之见，你应该在纺织业带头，用我的办法试试看，废除'抄身制'，关心工人利益，待工人如朋友、如弟兄，有困难多与他们商量着办。我相信眼前的困难会克服的。"

老板听了连连点头。第二天，老板就主动找工会研究，决定废除"抄身制"。陈毅的一番话，足见其劝说有术，言之有理，这正是"以理攻心"的威力。

4. 转移话题

说服别人时会发生卡壳的情况，在这种情况下，如果一味地死说硬劝，必然会适得其反，走入"死胡同"。如果此时转移一下话题，激发对方的兴趣，并营造浓烈的交谈气氛，就可以为说服对方打下良好的基础。

某中学唐老师悉心钻研中国古典文学，出版了20万字的《中国诗歌发展史》一书。该校的文学社小记者到唐老师家采访，让唐老师介绍写书经验。唐老师面带难色，认为只是一个专题学习，谈不上什么经验。

小记者抬头望着墙上的隶书书法作品说："唐老师，这隶书是您写的吧？"

唐老师："是的！"

小记者："那么请您谈谈隶书的特点，好吗？"

这正是唐老师感兴趣和愿意谈的话题。两人之间的交谈在交流中逐渐变得融洽起来。

这时，小记者不失时机地说："唐老师，您对隶书很有研究，我们以后还要请您多加指导。不过，我们现在十分想听听您是怎样写成《中国诗歌发展史》一书的。"

此刻，唐老师深感盛情难却，就只好加以介绍了。

由此可见，当某个话题引不起对方的兴趣时，要有针对性、有选择地挑选新的、合适的话题，以激起对方的兴趣。

转换话题以后，劝说者还要注意在适当时机及时将话题引入正题。因为换题只是为了给谈正题打下感情基础，而非交谈的真正目的。所以，当所换之题谈兴正浓，双方感情交流到了一定程度时，劝说者要适可而止，将话锋转入正题。

5. 声东击西

对于固执己见或执迷不悟者，最好的说服办法就是声东击西，明说是"东"，暗示的却是"西"，让对方从中领悟到你的用意。

齐景公很喜欢打猎，让人养了很多老鹰和猎犬。有一次，负责养老鹰的烛邹不小心让一只老鹰逃了。齐景公大怒，要把烛邹杀掉。晏子听说后连忙说："烛邹有三条大罪，不能轻饶了他。让我先数说他的罪状再杀吧！"齐景公点头称是。

晏子就当着齐景公的面，指着烛邹，扳着手指数说道："烛邹，你替国君养鸟，却让鸟逃了，这是第一条大罪；你使大王为了一只鸟的缘故而要杀人，这是第二条大罪；杀了你，让天下诸侯都知道我们国君重鸟轻士，这是你的第三条大罪。三条大罪，不杀你不行！国君，我说完了，请杀死他吧！"

齐景公听着听着，悟出了话中的味道。他停了半晌，才慢吞吞地说："不要杀了，我已听懂你的话了。"

6. 欲贬虚褒，用同情和理解"软化"对方

几乎每个人都不爱接受批驳自己的意见，也不愿听逆耳的忠言，此时，裹上一层"糖衣"包装成委婉的顺耳之言，往往会起到很好的规劝作用。

一位衣冠楚楚的青年开着一辆豪华的宝马汽车兜风。车开到交叉口碰上红灯，他趁机点燃了最后一支香烟，随手将空烟盒丢出车外。一位妇女恰好从车旁经过，她捡起烟盒，走近汽车，笑容可掬地问道："先生，你这个烟盒不要了吗？"

那位青年似乎意识到自己不文明的行为，赶忙说："刚才不小心，烟盒掉了下去，谢谢你帮我捡起来。"说着把烟盒拿了回去，带着窘迫的神色匆忙开车走了。

那位妇女正是用委婉含蓄的方式，达到了规劝的目的，让那位青年认识到自己的错误行为。假如她直来直去，自以为打着正义的旗号去教训那位青年，恐怕那位青年非但听不进去，反而会怪她多管闲事。可见，委婉含蓄是说服中的"高招"。

推而广之，我们在规劝和纠正别人的时候，应先对对方所犯的错误加以谅解，对对方所犯的错误表示同情，使对方减少羞愤

之情，然后再用温和的方法把错误指出来，指正的话越少越好，最好只用一两句就能使对方明白，而不要说起来没完，导致对方陷入窘境，产生反感。如果可能的话，在纠正对方的同时，也要提出一些赞扬和肯定，这样对方会觉得你的评论很中肯，容易心悦诚服。

总之，要说服一个人，最好的办法就是为他着想，让他也从中受益。虽然有时纠正别人的错误是一件对人有益的事情，但所谓"忠言逆耳"，很少有人能够心平气和地听进去。所以，说服关键的一点，是要让对方明白，自己是和他站在一边的，而不是和他对立的。

在说服别人时，做到以上几点，让你的忠言不再逆耳，使人听得"耳顺"，你的说服才会最有效。

第三章

把话说到"点儿"上

"话随境迁"的艺术

交朋友，首先要有"共同语言"，"共同语言"包括很多方面，"话随境迁"的艺术是其中一种。

比如，交谈双方对于话题的选择与理解、对某个观念的形成与改变、交谈时的心理反应以及交谈结果，都与场合有直接的联系。因此，交谈者必须考虑到场合因素，并且有意识地巧妙利用"场合效应"。

在"什么场合说什么话"，是人们在长期的交际实践中总结出来的经验。试想，若是在跟朋友谈心时，像做报告那样拿腔拿调；或是在悲哀、肃穆的葬礼上，像相声演员那样通篇做幽默之语，将会产生怎样的后果？

交谈时，说和听的双方对话语的采用和理解，都要受特定场合的影响和制约。就说的一方来说，无论是话题的选择，还是话语形式的采用，都要根据特定场合的需要来确定。

从话语形式来说，一般需要按照常规形式说话，而在特定场合，又可灵活变通，组成特殊的话语形式，这样，能够收到更为理想的效果。说话一般要求语句完善，符合语法规范，但在特定场合，允许而且需要组织结构特殊的话语来传递信息。

比如，当汽车快行驶到十字路口而司机仍未减速时，旁边的人只需要提醒："红灯！"司机便会立即做出减速、刹车的反应。此时，若旁边的人说出这样结构完整的复句："前面遇上红灯，这是不准前行的信号，你应当减速停车，以遵守交通规则，保障安全。"司机即使不说旁边的人有"毛病"，至少也会认为这人"迂"得可以了。因为司机的大脑里早已储存有途中可能遇到哪些情况和应该如何处理的信息，因此，只要用极简短的话语提示，他就会立即调动大脑中储存的相关信息去补充。所以，这时的话语要特别简明，语气要特别急促。

"话随境迁"的另一层意思就是要学会听出"弦外之音"，也就是俗话说的"话里有话"。例如，别人看似是在鼓励你，实际上却是否定了你的行为；朋友好像答应马上帮你做某件事，其实却是在推辞……所以，为了弄清对方说话的真正意图，在交谈的过程中，我们要学会听出"弦外之音"。

星期天，王力军陪爸爸一块儿去给爷爷看病。忙了一上午后，爸爸拿了一大堆化验单递给大夫。大夫仔细看了后说："不用治了。回去以后呀，愿意吃点什么就吃点什么。"听了这话，王力军还挺高兴："太好了，大夫是说爷爷没病呀！"可在回家的路上，王力军看见爸爸低着头，满脸愁容，他心里特别纳闷：爸爸是怎么啦？回到家后，爸爸把他悄悄地拉到一边说："儿子呀，爷爷的病没治了，你以后可别再惹爷爷生气了。"王力军这时才明白大夫话中的真正意思，眼泪一下子掉了下来。

我们在听别人说话时，不但要听清楚说的内容，更要认真思考，听出"话外之音"。

俗话说："听锣听声，听话听音。"大部分信息既有表层的直接意思，又有内在的深层含义。这就要求我们学会边听边分析，准确领会对方的意图，既要敏感地体察信息的含义，又要防止过度的主观臆测，以免因误会而产生感情障碍。

在人与人之间的交谈中，出于种种原因，有时候某些意思是通过委婉含蓄的话语表达出来的。对于这些潜藏其中、未明白说出的话，倾听者必须通过留意对方说话的语气、声调、用词、神态和谈话的背景，仔细地去体会对方的言外之意，这样才能真正理解对方说话的意图和内涵，从而做出正确的判断和回应，加强双方交流的效果，否则就很容易形成误解。

小王是刚大学毕业参加工作的新人，一心想要好好表现自己，得到老板的赏识，却忘了其他同事的存在。他处处锋芒毕露，不懂得谦虚低调，在每次开会时，都会向老板提出一些建设性的意见，于是，他很快得到了老板的关注，却引起了同事们的不满。

"小王，你好聪明啊，我们想不到的你都想到了。"

"是啊，你工作能力真强，适应能力也特别好，头脑又聪明，可真是好样的啊。"

同事们总是这么对小王说。

对于同事们的话，小王想都没有想就一并接受了，时间一长，小王在同事们的恭维下和老板的赏识下变得有些自负了。有时，他甚至会在公共场所顶撞老板，让老板觉得没"面子"。有一次，

跟谁都能交朋友

小王当着老板的面说："你说错了，应该是这样的……"

"哦，是吗？"

"是啊，你看看……"

"是吗？还真是谢谢你。"

"不用。"小王还露出一副得意的表情。

终于有一天，老板把小王叫到办公室对他说："有人说你经常擅作主张，和同事合作不好。希望你能注意一下。"

渐渐地，老板在出席重要场合时，不再带着小王一起去了。一段时间后，小王辞了职。

交谈中最难修的一门课，就是听懂别人话里的"弦外之音"。在现实生活中，你少不了要与他人交谈，也常常会感觉到别人的言外之意和重要暗示。只要你能留心琢磨，就一定能体会出对方要表达的"弦外之音"。

"礼下于人"，好交朋友

在交谈中，当我们对别人提出请求时，如果想如愿以偿，态度一定要诚恳，话一定要说到位。如果求别人办事时，态度还很傲慢，那样事情肯定是办不成的。

徐志摩 7 岁的时候就已经非常聪明，并且对语言和文学表现出浓厚的兴趣。在 15 岁时，他觉得自己在这方面的长进不大，迫切需要一位精于此道的老师来指点他。

徐志摩听说有一个叫梁子恩的人在语言和文学方面很有造诣，他很想投入其门下学习，却苦于没有人从中引荐。巧的是，徐志摩的表舅与梁子恩是同窗好友，于是，徐志摩就前往表舅家请求表舅从中为其引荐。但徐志摩的这位表舅一贯不希望自己的外甥去学这些"杂学"，所以不肯帮忙。

在与表舅的一席交谈中，徐志摩充分表达了自己的迫切愿望，他那诚恳坚定又略带哀婉的语气，以及话语中蕴含的对长辈的谦恭之情，深深打动了表舅，使表舅觉得此子乃可造之才，最终答应了他，并亲自带他去梁子恩家，介绍其拜在梁子恩的门下。从此，在老师的辅导和他自身的努力下，徐志摩在诗歌上的造诣突飞猛进，最终成为一位伟大的诗人。

正是由于徐志摩态度诚恳、感情真挚，他才最终打动了表舅，顺利地拜师。这个故事告诉我们，使用商量、委婉、体谅的语气会更容易打动别人，被别人接受。

当你有求于人时，你的请求会不会给对方带来压力？会不会让对方过于为难？这些难处，你自己首先要替对方想到。然后，你才能把话说得滴水不漏，再加上你感情真挚，你就能轻易打动对方，对方也会尽自己的力量来帮你。

比如，你可以这样说："我知道这件事会给您添很多麻烦，但是我也没有别的门路，只能拜托您了。请您多包涵。"这样说话，对方会产生将心比心的情感，从而乐于帮你的忙。

在求别人帮忙时，你若能适当地承诺给予对方一定形式的回报，对方会觉得你是真心实意的，自己的付出是值得的，会更乐意为你做事。所以，你不妨表示愿意在事成之后给对方某种回报，即使不能马上回报，也要承诺在对方需要的时候你一定会鼎力相助。有时候，即使你没有什么能力和条件回报对方，但你只要把话说到位，表达出感激之情，对方就会对你多一分好感。

从接受心理看，人总是有一种天然的妥协性，盛气凌人、颐指气使的命令口吻，最容易引起人们的反感；而平等商量、诚恳请求和协商的语气则更容易对别人产生积极的说服力。"强扭的瓜不甜"说的就是这个道理。

一个男孩十分渴望母亲能给他买一条牛仔裤，但是又怕遭到母亲的拒绝，因为他已经有一条牛仔裤了。于是他想了想，一本正经地对母亲说："妈妈，您可是世界上最好的妈妈。您见没见过一个孩子，他只有一条牛仔裤？"

这句天真而略有计谋的问话，一下子打动了他母亲。最终，母亲给他买了一条件仔裤。

求人办事，即使赞美对方也要恰到好处，不要漫无边际，更不要变成"肉麻"的吹捧。赞美的目的是让对方接受你的请求，所以话要说得真诚漂亮。

琳达跟一个难打交道的客户约好到客户的办公室谈一笔十多万元的生意，琳达心里没底却又感觉很兴奋，因为这个客户曾经拒绝过她很多次。琳达想，这次见面也有可能是客户敷衍自己，或是会当面拒绝。琳达一进客户的办公室，环顾了一下，觉得办公室的设计与众不同，就说了一句："啊，我从来没见过这么特别的办公室。您真有审美眼光啊！"也许听过太多这样的称赞，客户只是微笑了一下，说："谢谢。"

琳达以前学过一点设计，对设计有天然的敏感。她仔细环顾四周，又称赞道："您的门窗和办公桌的设计好像是今年最流行的三角棱，很前卫、很时尚。您肯定下了番功夫！"客户一听，喜上眉梢，说："你知道这种设计？这是我和设计师一起商量后决定的。"琳达说："您的眼光太好了。"

这下，客户高兴了，他连忙请琳达坐下，聊了半天设计。最终，琳达的生意做成了。

其实一开始交谈时，琳达并没有特别吹捧客户或表达想达成交易的愿望，只是自然而然地赞美了客户的办公室的装修设计风格，她这种发自内心的称赞，引起了客户心理上的共鸣，在较为愉快的气氛下，客户自然就接受了琳达在生意方面的请求。

因此，在有求于人时，要"礼于天下"，把话说到位，适当表达赞美，这样你就会收到很好的效果。

真诚的话语最能打动人心

很多人对真诚的认识总有一种误区，就是认为越是能说会道、伶牙俐齿越好。其实，真不真诚不在语言表达上。人们喜欢真诚的人，但是否真诚明眼人一看就清楚，真诚必须心诚。人们欢迎真诚的人，是因为真诚的人让人感到发自内心的安全感。

中央电视台主持人朱军在主持《艺术人生》时，有一次采访著名表演艺术家秦怡女士。在现场录制的尾声时，节目组买了一个大蛋糕庆祝秦怡的 80 岁大寿。但是在切蛋糕的时候，朱军突然发现秦怡拿着刀子的手在颤抖，秦怡回头看了朱军一眼，朱军感到她的眼神里有一股淡淡的忧伤，好像心里有个疙瘩没有解开。他对自己说："你不是要抚慰这个屡经生活磨难的老人的心吗？你还没有做到。"于是，一瞬间朱军有一种强烈的冲动，他走上前，真诚地对秦怡说："我能代表所有爱您的观众拥抱您一下吗？"秦怡同意了。于是朱军拥抱住秦怡，在她的耳边叫了一声："秦妈妈，祝您健康。"老人的整个肩膀开始颤抖。许多观众看到这一幕哭了。

真诚应该以真挚的话语去和他人聊思想、聊感情，让对方主动敞开心扉。朱军就是靠着真诚的态度，安抚了一个老人的心。真诚，是交流顺畅的秘诀。

真诚的态度体现在多方面。比如微笑，有真诚笑容有职业笑容之分。我们看电视或者乘飞机，很多主持人和空中小姐的微笑似乎总是那么相似，她们笑起来很完美，但过于职业和专业，似乎少了一点点人情味。她们的笑容就是职业笑容，人们看到这些笑容大多也点头微笑，但这是客气的表现。

2001年年底，著名主持人李静的自制节目《超级访问》运作近一年之后，李静通过朋友拿到了大红鹰集团总裁的电话。她说："我打电话过去，第一句话就说我是《超级访问》的制片人，我想让你的企业给我们节目冠名，这是个非常有潜力的节目，我有能力把它做成最好看的明星访谈节目。我很喜欢你们的企业，觉得你们投放节目很有水准，而且你们的品牌和我们的品牌结合在一起就是'大红鹰超级访问'，特好听。我现在没有什么广告，我也不会拉广告，但是你给我冠名，我保证你受益，不会后悔。"

李静的电话没有客套寒暄，也没有拐弯抹角，而是直言表达，真诚相见。她的真诚打动了大红鹰的总裁，最后双方仅用了一天时间就签约诞生了"大红鹰超级访问"节目。大红鹰冠名后，栏目持续一年半是北京台的收视冠军。

李静说："其实所谓真诚，在我的理解就是把自己内心最诚挚的想法用语言表述出来。""我主持工作的前八年，自认为不是特别成熟和成功，因为那时的我没有一点自己的风格。我身边好多朋友原来见到我就问，你怎么上电视那么傻呀？就会笑，倒是笑容可掬，端庄贤淑，但一点个性都没有，跟你生活中完全不一样。于是，在第八年，我仿佛一下子开了窍，原来之前的我并不是真正的自己，我要做回李静本来。"

如今，我们看到的李静非常亲切、平和、自然，她的真诚甚至有点不像主持人。她说："谈话类节目的采访过程中，有的时候你会特别有感觉，你说出来的话，一定是最真诚、最朴实的话。"

事实证明，真正打动人心的话并不在于说得多么流畅、多么滔滔不绝，而在于表达是否真诚。当一个人能够用得体的话语表达出自己的真诚时，就会赢得对方的信任，建立起和谐的人际关系。在交往场合，说得最多的人并不一定是最受欢迎的人；讲得顺畅的人并不一定说出自己的真实情感。人如果缺乏诚意，讲话就失去了吸引力，变得跟一束没有生命力的绢花那样，尽管美丽却不能鲜活动人。

马克大学毕业后到一家广告公司工作。公司的规模很小，连老板在内不足 10 人，办公条件也很差，只有一间阴暗的办公室、几台陈旧的电脑，与实力雄厚的大公司相比，他们太缺乏竞争力了。果然，马克到这里才一年，公司的经营已经濒临绝境，大家纷纷跳槽而去，最后只剩下马克和老板两个人。老板这时候对马克说："真是委屈你了！如果你要走，我不阻拦，毕竟生存是第一位的。"

但是马克却真诚地对老板说："什么也别说了，我是不会走的，我不相信咱们就不能干出点样子来。您也别着急，总会有办法的！"老板被马克感动了，在他们的共同努力下，公司的经营状况逐渐得到了改善，短短几年就成为当地广告行业的知名企业，

跟谁都能交朋友

马克和老板的友情也变得越来越深厚。

患难见真情，马克与老板在公司最困难的时候结下了深厚友情，成为他们日后成功路上最珍贵的基础。

一般情况下，只要人真心诚意地为对方着想，都可以打动对方的心。

俄国十月革命后，愤怒的人民群众要烧毁克里姆林宫，列宁亲切地会见了农民代表。

列宁说："农民兄弟们，你们要把沙皇的皇宫烧掉，这是革命行动，好，我支持你们！"

农民们说："还是列宁同志理解我们农民。"

列宁接着说："不过，在烧掉这座宫殿之前，我有个问题要问问大家，行吗？"

农民们回答："您问好了。"

列宁说："这座富丽堂皇的皇宫是谁建造的呢？"

农民们说："当然是我们劳动人民啊！"

列宁说："是啊，你们才是宫殿的真正的主人。现在沙皇已经被推翻了，它回到了主人的手中，我向宫殿的主人提个建议：让我们劳动人民的代表到里面办公，好吗？"

农民们回答："好啊。"

列宁最后说："那现在还烧这座宫殿吗？"

农民们说："不烧了。"

如果列宁对愤怒的农民要烧皇宫的过激行为进行直接劝阻，无异于火上浇油，但他采取了以退为进的策略，先引导表示愿意支持农民们的革命行动，缓和了农民们的情绪，之后再提了几个问题，最终让农民们意识到烧毁皇宫不过是又烧毁了自己的劳动成果，于是放弃了这种过激的行为。他站在农民们的角度来跟他们说话，很容易表现出自己的真心和诚意，使得农民们很容易接受他的劝解，也就成功地起到了劝说农民和保护克里姆林宫的作用。

实现人际关系和谐，真诚的话语，贴心的帮助，为别人真心地付出看似简单，但却是成功必不可少的因素。所以，我们在处理人际关系时，应该是真心诚意，忠厚诚实，心口如一，不藏奸、不耍滑，不在人生舞台上披上盔甲、戴上面具去演戏。做人真诚，能令人如沐春风，人也唯有真诚，才能换来别人的真心，才能为自己开创一片天地。

睿智妙语解除尴尬

交往中，人们难免会遇到一些比较尴尬的场面。有的人面对尴尬无计可施，要么沉默寡言，要么怒不可遏，要么转身就走。但这都不是解决问题的好办法。

怎样才能化解尴尬呢？

在某俱乐部举行的一次盛宴招待会上，一位服务员手端酒杯被一位宾客所撞，酒杯里的酒不慎洒在一位坐着的宾客光亮的秃头上。服务员吓得手足无措，其他人也都是目瞪口呆。谁知这位宾客却微笑地说："老弟，你以为这种治疗方法会有效吗？"

在场人闻声大笑，尴尬局面即刻被打破了。这位宾客借助幽默的语言，既展示了自己的大度胸怀，又维护了自我尊严，还为服务员解了围。

美国心理学家保尔·麦基认为，幽默对于人的社交能力的发展起着举足轻重的作用。

1943 年，第二次世界大战即将结束之际，埃及开罗会议的一天，美国总统罗斯福因有急事找英国首相丘吉尔商量，便在未预约的情况下驱车前往丘吉尔的临时行馆。开罗干燥闷热的天气让丘吉尔非常不适应，尤其是白天，气温高达40℃以上，这让丘吉尔更加难以忍受。为了消暑，在整个白天，丘吉尔都把自己泡在盛满冷水的浴缸中。罗斯福抵达行馆之后，未经丘吉尔侍卫的禀报就直接闯进了大厅，但是进入大厅后他并未见到丘吉尔，倒是耳边传来了丘吉尔的歌声。于是，罗斯福顺着歌声找了过去，撞见了躺在浴缸中一丝不挂的丘吉尔。

两国元首在这种场合下见面确实颇为尴尬，为了缓和气氛，罗斯福马上开口道："我有急事找你商谈，这下可好了，我们这次真的能够坦诚相见了。"

丘吉尔非常镇定，他在浴缸中泰然自若地说："总统先生，在这样的情形下，你应该可以相信，我对你真的是毫无隐瞒的。"

两位伟大人物的睿智妙语，轻松地化解了场面的尴尬，直到如今，还被传为美谈。

交往中，幽默的语言如同润滑剂，可有效地降低人与人之间的"摩擦系数"，化解冲突和矛盾，解除尴尬局面，是一种高智商和高情商的结晶。

在一家饭店，一位顾客生气地对服务员嚷道："这是怎么回事？这只鸡的腿怎么这一条比另一条短一截？"

服务员自认为"幽默"地说："那有什么！你到底是要吃它，还是要和它跳舞？"

顾客听了更加生气，争吵便发生了。

幽默须不失分寸，态度应谨慎和善，不伤害他人，才能促使交往和谐融洽。

跟谁都能交朋友

所以，如果不小心遭遇尴尬，巧妙地"幽默"一把，气氛也许就截然不同了。

在一次庆功会上，有一个将军在与一个士兵碰杯的时候，那士兵由于紧张，举杯时用力过猛，竟把一杯酒都泼到了将军的身上，士兵当时就吓坏了，可将军却笑着说："小伙子，你以为用酒能洗衣服吗？我可没听说过这个妙方呀！"说得大家哈哈大笑。

看，如此尴尬的事在将军的一番妙语既博得了大家的轻松一笑，又让人们看到将军豁达风趣的人格魅力。真正的交往高手总能运用自己的聪明才智，及时而巧妙地使自己由被动转为主动，同时会使那些原本不美妙的事变得别有情趣。

有一个导游带着旅游团到某一历史名城参观。当他向大家介绍这座城市有着光辉的历史的时候，有游客提问道："请问有什么大人物诞生在这个城市吗？"

导游一下子愣住了，因为他不知道。众多游客在身边，一听也打算了解一下。导游想了想说："先生，这个城市里诞生的都是婴儿啊。"旅游团的成员们顿时哈哈大笑。

身为一个导游，带领游客参观古城，却连古城历史上有哪些名人都不知道，这本来是一件不应该发生的事情。如果直接回答"不知道"，会让局面十分尴尬，后面的解说也将让人充满怀疑。但这位导游却采用了"脑筋急转弯"的语言技巧，似是而非地回答了问题，你不能说他准确，但你绝不能说他不对。大家乐在其中，导游的"尴尬"也随之化解。

人际交往中，幽默是心灵与心灵之间快乐的"天使"，拥有幽默就拥有了爱和友谊，凡具有幽默感的人，所到之处皆是一片欢乐和融洽的气氛。

美国一位心理学家说过："睿智的妙语是一种最有趣、最有感染力、最具有普遍意义的交谈艺术。"

作家马克·吐温是一个机智幽默的人。有一次他去某小城，临行前别人告诉他，那里的蚊子特别厉害。马克·吐温到了那个小城，正当他在旅店登记房间时，一只蚊子在他眼前盘旋，这使得服务员不胜其烦。马克·温却满不在乎地对服务员说："贵地蚊子比传说中不知聪明多少倍，它竟会预先看好我的房间号码，以便夜晚光顾、饱餐一顿。"周围人听了不禁哈哈大笑。

结果，这一夜马克·吐温睡得十分香甜。原来，旅馆全体员工一齐出动，驱赶蚊子，不让这位博得众人喜爱的作家被"聪明的蚊子"叮咬。

幽默，不仅使马克·吐温拥有了一群诚挚的朋友，而且也因此得到陌生人的"特别关照"。

幽默的睿智妙语有助于彼此的交往。在通常情况下，真正精于交往艺术的人，其实是那些既善于引导话题，同时又善于使枯燥的谈话转变得风趣幽默的人。

懂得"进退"最关键

　　许多人能言善辩，为了显示自己的口才有多么了得，有些人言语尖酸刻薄，带有挑衅意味，似乎这样才显得有个性。还有些人，别人说一句话，他从中挑刺儿，非要让别人同意他的观点，甚至不惜辩论一番决出胜负。卡耐基对上述几种人有一番说法："你可能赢了辩论，可是你却输了人缘。"

　　戴维在公司是个最基层职员，一次他和一位同事一起负责一个业务，可是最后却出了一点差错。戴维和同事互相责怪。那个同事说话刻薄，喋喋不休地说着。

　　戴维本伶牙俐齿，嘴不饶人，哪能容忍同事的责怪，抓个机会大声反驳同事："怎么着怎么着，当初你要知道我这样就别和我合作啊，既然合作了还怪我干什么？怪就怪你自己不会找搭档。我以前也是做事很认真的人，怎么到你这儿就总出错呢？你说到底是我的问题还是你的问题啊……"

　　戴维嘴不停，说了好几分钟，那个同事被气得说不出话来，走了。最后，两个人形同陌路，戴维在公司的人缘也几乎毁掉。

　　同事之间本应该是相互帮助，结果却为了这么一点小事吵破脸皮，因为嘴不饶人，破坏人与人之间关系，实际上就因小失大，得不偿失了。

交往没有必要分出高下。因为，没有人喜欢总是被人驳倒，被强压在人之下，如果你只是为了逞一时口舌之快，非要置人于失败的境地，却因此失去一个朋友，这又何必呢？

为了与他人有更好的交往，首先要克制住自己争强好胜的个性，约束住自己咄咄逼人的"高超口才技艺"，尤其要舍弃竞赛式的谈话方式，要多采用真诚、不具侵略性的谈话方式。这样当你在表达意见时，别人就比较容易听进去，还不会产生排斥感。交往时，不妨多站在对方的立场上考虑，即使你真的无法表示同意他人意见，也要拿出宽容接受的姿态，毕竟持不同意见的人很多，你不同意，并不代表对方就是错的。你只需要了解每个人都有不同的想法就行了。

谦虚谨慎、宽容平和是交往的要点，人切不可感情用事，一冲动就口不择言。有些话讲出去可能也不算错，可是如果用极端的方式表达，就会惹他人甚至众人恼怒。

公共汽车上人多，一个年轻小伙子不小心踩到了一位老大爷的脚，老大爷脾气不好，张口就来："你说你这么大的小伙子，欺负我这么大岁数的人干吗？"

小伙子本来刚开始是想说一句抱歉，可老大爷的话实在让他反感，愧疚的心理马上无影无踪，他无所谓地说："踩你脚是踩了，可我什么时候欺负您了啊？"

老大爷一听更生气了，说："得得得，现在的年轻人都不学好。

跟谁都能交朋友

我看你那样儿，监狱里刚放出来的吧？"

这下小伙子火了："你这人怎么说话呢？"说完就要往老大爷跟前冲。车里的人左劝右劝，好不容易才让他俩消了气。

一点小事，换一种说法完全不是什么大不了的问题；可是都不为他人着想，不考虑他人的感受，非要逞一时口舌之快，最终引发矛盾。人在嘴上占上风并不代表有多么了不起，别人不会因为你的"伶牙俐齿"就佩服你，相反由于你的不尊重人、不懂礼貌可能会厌恶你。

生活中常有这样的人，一旦在交往中占了上风，就气势汹汹、咄咄逼人，仗着自己有优势就大逞口舌之快，非要把人逼进"死胡同"，这样的人，即便再能说会道，也只会招人厌烦。

一位老人去逛花鸟市场，不小心将小贩的两个花盆碰倒摔破了。老人连忙道歉，还说愿意把两盆花买下来，可是一掏口袋才发现一分钱都没带。那个卖花的小贩不依不饶了，喋喋不休地说两盆花多么好，值多少多少钱，老人说："不管多少钱我赔你就是了，但是我现在没有带钱，你可以叫人随我回家拿钱。"小贩既不随老人回家取钱，也不让老人走，一个劲地让他再好好摸摸口袋找钱。老人把口袋翻给他看，确实是没有钱，可是小贩就是不相信，还咄咄逼人，说哪有这么大一个人出门不带钱的。

老人没办法解释，只好反复说，我不会骗你的，可是无论他怎么说，小贩就是不相信。小贩要老人拿出身份证看，可是老人偏偏也没带身份证，于是小贩就扯住老人不放老人走。围观的人越来越多，老人着急上火，结果一下子心脏病突发，倒地而亡。

小贩后来被老人的家人告上了法庭，此事一年多才结案，小贩承担了主要责任。

这个小贩两个花盆 30 元钱，但小贩居然葬送了老人的生命，自己也惹来一身麻烦，岂不是因小失大？

生活中，为这种小事斤斤计较的人真是不少，其实很多事情根本没有必要非分出个高下优劣，你尊重别人，别人就会尊重你；你要存心让别人难堪，别人一定心里不服气，这注定为口舌之争埋下隐患。

一个会交往的人懂得话语进退的道理，在不同的场合有理有节，恰到好处，才算是真正的好口才。

第四章

妙用语言技巧，
突发事件巧处理

面对攻击巧解围

生活中，我们难免会遇到一些无理取闹的事情。例如，在公共场合，有人提起一件你讳莫如深的往事，有恃无恐地出你的丑，或是公开你的隐私，或是谈你干过的傻事和闹出的笑话。遇到这些无理的行为，你不可为一句羞辱的话，变得失去理智。你应遵循的一个原则就是控制情绪，保持冷静。只有这样，才能巧妙地应对尴尬局面，从而稳操胜券。

1. 幽默解围

杜罗夫是俄罗斯一位著名的丑角。

一次，演出幕间休息的时候，一个很傲慢的观众走到杜罗夫的身边，讥讽道："丑角先生，观众对你非常欢迎吧？"

"是的。"

"要想在马戏班里受到欢迎，丑角是不是就必须具有一张愚蠢而又丑陋的脸呢？"

听到此话，很多人围了过来。

"确实如此。"杜罗夫明白了这位观众的恶意，立即回答说，"如果我能生一张像先生您那样的脸的话，我准能拿到双薪。"

脸，同杜罗夫能否拿双薪，本无丝毫内在联系，但幽默的杜罗夫却巧妙地把它们联系在一起，轻松地为自己解了围。

2．借其言，反其义

对无理的言语进行语言反击，是正义的语言与无理的语言的对抗。所以，反击的语言一定要与对方的语言表现出某种关联，正是在这种关联中，才会充分表现出一个人的机智与力量，使对方搬起石头砸自己的脚。

德国大诗人海涅是个犹太人，常常遭到一些人的攻击。在一个晚会上，一个人对海涅说："我发现了一个小岛，这个小岛上竟然没有犹太人和驴子。"海涅白了他一眼，不动声色地说："看来，只要你和我一起去那个岛上，才会弥补这个缺陷。"

"驴子"在德国南方语言中，常常是"傻瓜、笨蛋"的代名词。面对是犹太人的德国大诗人海涅，将"犹太人与驴子"并称，无疑是在侮辱人，可海涅并没有对这人大骂，甚至对这种说法也没有异议，相反，他把这种人称换成"你和我"，就一下子把这人与"驴"对等了，达到了反击的目的。

3．以其人之道，还治其人之身

有一个常常愚弄他人而自得的人，名叫汤姆。一天早晨，他正在门口吃面包，忽然看见杰克逊大爷骑着毛驴哼哼呀呀地走了过来。于是，他就喊道："喂，吃块面包吧！"大爷连忙从驴背上跳下来，说："谢谢您的好意，我已经吃过早饭了。"汤姆一本正经地说："我没问你呀，我问的是毛驴。"说完得意地一笑。

杰克逊大爷没想到以礼相待，却反遭了侮辱。他先是愣了一下，然后猛地转过身子，照准毛驴的脸"啪、啪"就是两巴掌，骂道："你这畜生，出门时我问你城里有没有朋友，你斩钉截铁地说'没有'。没有朋友为什么人家会请你吃面包呢？"接着，"叭、叭"，杰克逊大爷对准驴屁股又是两鞭子，说："看你以后还敢不敢说谎。"说完，翻身上驴，扬长而去。

这就是用"以其人之道，还治其人之身"的方法来应对无理之人。

总之，在面对他人的恶意攻击时，要冷静应对，巧妙解围。

模糊应对脱困境

在生活和工作中，我们有时会遇到一些人肆无忌惮地向我们提出各种问题，但有些问题又确实不便直接回答。此时，我们可以故意运用一些辞藻，使用一些虚虚实实的手法，"打打马虎眼"，使对方得不到准确结果，从而放弃那些令人难堪的提问。

1. 含糊其词

在人际交往中，常常会遇到一些难于回答的敏感问题，使我们处于难堪的窘境。此时，我们若运用模糊语言，则不失为应对敏感话题的一种良策。

有一个青年陪伴未婚妻和她的母亲在湖里划船。未婚妻的母亲一时触景生情，有意试探地问青年："如果我和女儿不小心一起掉到水里，你打算先救谁呢？"这是一个两难的问题，回答先救哪一个都不妥。此时，母女二人都瞧着他，等待回答。青年思索后回答："我先救……未来的妈妈。"母女俩一听，脸上都露出了满意的笑容。"未来的妈妈"模棱两可，一语双关，用得恰到好处。

2. 运用"非确指"语言平息骚动

有一艘豪华客轮满载游客，即将到达旅游胜地的时候，客轮突然停了下来。船上游客见客轮迟迟不能开动，心情开始浮躁起来，围着他们的领队，追问客轮何时能够起行，何时能够顺利到达，有的人则进行责问，更有甚者开始大骂，情绪激动可见一斑。

这时候，领队镇定自若，面带微笑，不停地向大家说："请大家别急。客轮只是出了点小问题，不费事的，技术员们正在做检查，一会儿就好，客轮马上就可以开航，马上就可以开航！为了大家的人身安全，请大家再耐心等待一会儿，再耐心等待一会儿！"她不断地进行重复，游客们的情绪终于慢慢平静下来。

在这里，领队针对游客的既急于达到旅游区又要一路平安的心理，面对游客的盘问与责备，没有及早也没有给出确切的答复，却用一连串的"一会儿""马上"等没有确指的词语给予承诺。然而，正是这些模糊语言的运用，使游客们中途平静地滞留了近一个小时，抚慰了游客们不平静的心。

3.运用机智平息争议

模糊应对，体现出机智。情急生智，往往有妙招。

著名足球运动员迭戈·马拉多纳在阿根廷队与英格兰队交锋时，打进了一个颇有争议的"问题球"。当记者问马拉多纳那个球是手球还是头球时，马拉多纳机敏地回答："手球有一半是迭戈的，头球有一半是马拉多纳的。"

这个回答颇有心计，如果他直言不讳地承认是手球，那么对裁判的有效判决无疑是"恩将仇报"；但如拒不承认，又有失"世界最佳球员"的风度。而这妙不可言的"一半"与"一半"，等于既承认了球是手臂撞入的，颇有"明人不做暗事"的大将风度，又在规则上维护了裁判的权威。

4. 用语义不明确之语摆脱困境

模糊应对的妙用在于答所不能答，在进退两难的窘境中进退自如。

南齐时，有个书法家王僧虔，是晋代王羲之的四世族孙，他的行书楷书继承祖法，自命不凡。一天，皇帝萧道成提出与王僧虔比试书法。写毕，萧道成傲然问王僧虔说："你评一评，咱俩谁第一，谁第二？"王僧虔既不愿贬低自己，又不想得罪皇帝，略思片刻后说："臣的书法，人臣中第一；陛下的书法，皇帝中第一。"萧道成听了这番语义不明确的模糊话，只好一笑了之。

模糊应对就是这样，在应对刁难时，令人捉摸不透说者话语中的真正内涵。它总是给人似是而非、雾里看花的印象。同时由于模糊，使得语言具有伸缩性、变通性，所以当遇到在一定条件下很难解决的问题时，运用模糊语言可以使人摆脱困境，变不可能为可能。

谈笑风生，用幽默解决难题

　　幽默，是一种优秀的品质。幽默，也可以说是生活的"调味品"，是人与人之间的"润滑剂"，是一个敏锐的心灵在精神饱满、热情洋溢时的自然流露。

　　幽默在人际交谈中的作用是不容忽视的。美国一位心理学家说过："幽默是一种最有趣、最有感染力、最具有普遍意义的传递艺术。"幽默的语言，能使社交气氛轻松、融洽，更有利于交流。幽默，常常不直接面对问题，而是采取迂回的方式，所以不会给人太尖锐的感觉。幽默一般都是突然发生，反映了幽默者的智慧与机智，令人叹服。当人们叹服时，往往会对幽默者产生好感，很容易就接受其意见。所以，人们称幽默为一种杰出的能力。

　　在行驶的公共汽车上，因拥挤而发生了争吵。售票员"不要挤"的喊声都快扯破了嗓子，可一点作用也没有。这时，人群中一个小伙子嚷道："别挤了，再挤我就成相片啦。"听到这句话，车厢里立刻爆发出一阵欢乐的笑声，人们马上把烦恼抛到了九霄云外。此时，是幽默缓解了紧张的人际关系，把紧张的气氛变得和谐。

跟谁都能交朋友

幽默是一种高超的语言艺术，不仅能够有助于我们与他人之间的交谈与交往，还能帮助我们处理一些人与人之间的摩擦。

1. "以谬治谬"

通过逻辑思维的推断法，先假设对方的观点是正确的，然后再从他的观点中推出一个荒唐可笑的结论来，可以造成一种幽默，解决难题。

巧姑是一个聪明能干的人。她的公公张老汉因为有一个这样的媳妇而感到自豪，就在大门上划了几个大字"万事不求人"。知府看到这几个字后，认为张老汉没有把他当回事，一气之下就派人抓了张老汉，而且为了故意为难张老汉，还要张老汉必须在三天内做好一件事。其中一件事是：要张老汉找到一个小牛犊并且是由公牛王生的。

三天过后，知府来了，让张老汉出来见他，并把那只牛犊带来。巧姑说："禀告大人，我公公出去了，没在家里。"知府厉声喝道："他竟然敢逃跑！"巧姑说："我公公没有逃跑，而是去生孩子了。"知府感到奇怪："世界上只有女人会生孩子，男人哪会生孩子呀？"巧姑立即反驳道："既然男人不能生孩子，那么公牛王又怎么会生牛犊呢？"知府一时难以应对，只好说："这件事不用他去办了。"

巧姑的反驳，正是用了"以谬治谬"的方式，用幽默、有力的语言反驳了知府。

2. 用反问来回答问题

有时，当别人问到自己不知道准确答案的问题时，可用幽默的反问句回答对方，自己表示对自己所说的怀疑，并要求对方做出评判。当然这个答案要明显错误，甚至有些荒唐，以达到幽默的目的，同时解决自己的困境。

中央电视台首次举办幼儿技能大赛，当时男主持人是著名相声演员冯巩。当女主持人问冯巩道："你知道三个月的婴儿吃什么最好？"冯巩道："该不会是馒头吧？"这一幽默的反问句，不仅使他顺利地躲过了电视机前的尴尬，而且给观众留下了深刻的印象。

3. 迂回取道

真假并用，以曲折的、间接的方式，而且带着很大的假定性，把你的意见稍作歪曲，使之变成耐人寻味的样子，通过"歪曲"来使对方领悟你真正的意思。

作者："先生，我这篇小说写得怎样？"

编辑："写得太好了，完全可以发表，不过，有一个地方需要略微改动一下。"

作者："真的吗？那么请你斧正吧！"

编辑："只要将你的名字改成巴尔扎克就行了。"

上例中的编辑运用幽默，从某个侧面毫不含糊地"点"了一下，让对方自己心里明白，委婉地表达了自己的意见。

4．大事化小

将大事化小，是日常生活中运用幽默的好方法。面对生活中可能引起麻烦的事情，我们借助于幽默，共同欢笑一场，能把麻烦放到适当的位置而不至于过分忧虑和不悦。以轻松的态度对待麻烦，共享欢乐，会使麻烦在相比之下变得不那么重要。

跟谁都能交朋友

　　法国哲学家伏尔泰有一个很忠实的仆人，可仆人有点懒惰。一天，伏尔泰对仆人说："儒塞夫，去把我的鞋子拿来。"仆人赶忙殷勤地把鞋子拿来了。伏尔泰一看惊呆了：鞋子上仍然布满了昨天出门时沾的泥迹！他问道："你早晨怎么忘记把它擦了？""用不着，先生。"仆人平静地回答，"路上净是泥泞，两小时以后，您的鞋子不又和现在一样脏吗？"伏尔泰微笑着走出门。仆人在他身后很快跑步追了上来："先生慢走！钥匙呢？""钥匙？""对，食橱上的钥匙。我还要吃午饭呢。""我的朋友，吃什么午饭呢，两小时以后你也将和现在一样饿嘛！"

　　面对仆人的服务不周，伏尔泰却以微笑和幽默对待，将不愉快之事变得轻松，而且使仆人在笑声中得到教育。伏尔泰真称得上是一个幽默高手。

委婉的批评胜过直言不讳的指责

"人非圣贤，孰能无过？"圣贤都会有过错，何况我们这些普通人呢！一旦有了过错，就得有人来指正，这样才会有进步。在工作和生活中，同事之间或朋友之间，出于教育和帮助的良好愿望，对发生过错的人提出批评是常有的事情，但如何使批评既能达到目的，又能使受到批评的人容易接受，不产生抵触情绪和逆反心理，其中大有学问。

1. 赞扬中的指责

育才小学校长陶行知在校园看到男生王友用泥块砸自己班上的男生，当即斥止了他，并令他放学时到校长室去。

放学后，陶行知来到校长室，王友已经等在门口准备挨训了。可一见面，陶行知却掏出一块糖送给他，并说："这是奖给你的，因为你按时来到这里，而我却迟到了。"王友惊疑地接过糖。随之，陶行知又掏出一块糖放到他手里，说："这块糖也是奖给你的，因为当我不让你再打人时，你立即就住手了，这说明你很尊重我，我应该奖你。"王友更惊疑了，眼睛睁得大大的。陶行知又掏出第三块糖塞到王友手里，说："我调查过了，你用泥块砸那些男生，是因为他们不守游戏规则，欺负女生；你砸他们，说明你很正直善良，有跟坏人作斗争的勇气，应该奖励你啊！"王友感动极了，他流着眼泪后悔地说道："陶……陶校长，你……你打我两下吧！我错了，我砸的不是坏人，而是自己的同学呀！"

陶行知满意地笑了，随即掏出第四块糖递过去，说："为你正确地认识错误，我再奖给你一块糖，可惜我只有这一块糖了，我的糖奖完了，我看我们的谈话也该完了吧！"

陶行知正是通过在赞扬中指责，使学生认识到了自己的错误，达到了批评教育的目的。

2. 幽默中的批评

当你批评人时，如果采用幽默的语言，就可以缓和批评时的紧张气氛，让被批评人在相对轻松的氛围中意识到自己的错误所在，这样做不伤害被批评人的自尊，被批评人心里也容易接受。

美国开国总统华盛顿有一个年轻的秘书。一天早上，秘书迟到了。他发现华盛顿正在等他，心里感到很内疚，便说自己手表出了问题。华盛顿没有直接批评他，而是平静地提醒说："恐怕你得换一块表，否则我就得换一位秘书了。"从此，这位秘书再没有迟到过。

幽默的语言比当面直接批评效果更好，因为这样既维护了秘书的自尊，又达到了批评的效果。

3. 委婉地暗示

在广州一家著名的大酒店，一位外宾吃完最后一道茶点，顺手把精美的景泰蓝食筷悄悄插入自己的西装内衣口袋里。服务员小姐不露声色地迎上前去，双手捧着一只装有一双景泰蓝食筷的绸面小匣子说："我发现先生在用餐时，对中国景泰蓝食筷颇有爱不释手之意。非常感谢您对这种精细工艺商品的赏识。为了表达我们的感激之情，经餐厅主管批准，我代表本店，将这双图案最为精美并且经过严格消毒处理的景泰蓝食筷送给您，并按照大酒店的'优惠价格'记在您的账单上，您看好吗？"

那位外宾当然明白这些话的弦外之音，在表示了谢意之后，说自己多喝了两杯白兰地，头有点发晕，误将食筷插入内衣口袋里。并且聪明地借此台阶，说："既然这种食筷不消毒就不好使用，那我就'以旧换新'吧！哈哈哈……"说着取出内衣口袋里的食筷，恭敬地放回餐桌上，接过服务小姐给他的小匣子，不失风度地向付账处走去。

人在交谈中，如果不是为了某种特殊需要，一般会尽量避免触及对方所避讳的敏感区，避免使对方当众出丑，必要时可委婉地暗示自己已经知道他人的错误或隐私，适当批评，并采用多种方式，给对方造成一种压力，但不可过分，"点到即止"就可。

得体地替他人"圆场"

打"圆场"，就是要我们在他人说话陷入僵局或困境时，主动地提供帮助，让其在众人面前摆脱尴尬的境地。这样对方不但会感激我们，而且也会为我们自己赢得好"人缘"。

有这样一个故事：

有位理发师傅带了个徒弟。徒弟学艺三个月后，正式上岗。

徒弟给第一位顾客理完发，顾客照照镜子说："头发留得太长。"徒弟不语。师傅在一旁笑着解释："头发长使您显得含蓄，这叫藏而不露，很符合您的身份。"顾客听罢，高兴而去。

徒弟给第二位顾客理完发，顾客照照镜子说："头发留得太短。"徒弟不语。师傅笑着解释："头发短使您显得精神、朴实、厚道，让人感到亲切。"顾客听了，欣喜而去。

徒弟给第三位顾客理完发，顾客边交钱边嘟囔："剪个头花这么长时间。"徒弟无语。师傅马上笑着解释："为'首脑'多花点时间很有必要。您没听说：进门苍头秀士，出门白面书生！"顾客听罢，大笑而去。

徒弟给第四位顾客理完发，顾客边付款边埋怨："用的时间太短了，20分钟就完事了。"徒弟心中慌张，不知所措。师傅马上笑着答道："如今，时间就是金钱，'顶上功夫'速战速决，为您赢得了时间，您何乐而不为？"顾客听了，欢笑告辞。

故事中的这位理发师傅，真是能说会道。他机智灵活，巧妙地替徒弟"打圆场"，每次得体的解说都使徒弟摆脱了尴尬，让顾客转怨为喜，高兴而去。

但是，替人"圆场"也不是轻而易举、不费脑子地站出来凭"哥们义气"而信口开河，这样不仅双方当事人不服、不买账，还可能自取其辱，给自己难堪。所以打"圆场"需要艺术的语言和灵活的思路，具体来说有以下方法：

1．帮助解围要折中

打"圆场"最直接的就是在谈话双方针锋相对时，由中间人将双方争论的话题转移开或者折中一下，从而使双方各退一步不再固执己见，以达到解围的目的。

李明和张亮同在一家公司工作，因为要策划一次会议，他俩各执己见。一开始，他们还用商量的口气，都觉得自己的意见好，力图说服对方。到后来，就有点争论的意思了，谁也不肯让步，谁也说服不了谁，好像不证明自己的比对方的好，就不肯罢休。

坐在旁边的刘荧荧，一直听他们争论，后来一看形势不妙，就凑过来说："你们谁也不要讲，先听我说，我看你们吵来吵去，只是没弄清对方的意思。"

接下来，刘荧荧分析了双方看法的优点和不足，李明和张亮也点头称是。分析完了之后，刘荧荧说："我看这事好办，相互取长补短。"最后，大家达成了一致意见。

在这里，我们可以看到，如果要李明和张亮直接承认对方看法的合理性，似乎是做不到的，那样的话，总会觉得自己低人一等。通过刘荧荧的分析，给双方心理上造成优势，他们会在心里想："我有错，你的见解也不一定对。"从而将意见进行折中，使冲突得到化解。

2. 随机应变，融洽气氛

俗话说："马有失蹄，人有失手。"在交谈中，有时候会因为当事人不慎而造成应酬气氛的不顺畅，自己处于尴尬局面，但又无法摆脱，这时就需要局外人随机应变。

一位将军到基层检查工作，要召开一个士兵座谈会，想了解一下士兵们自主学习的情况。尽管将军深入浅出地启发，平易近人地诱导，但士兵们还是有点紧张，显得很拘谨。

突然，将军问一名士兵："你知道马克思是哪国人吗？"那名士兵不假思索地回答："马克思是苏联人。"

刹那间，知道答案的士兵都想笑而又不敢笑，有的士兵甚至为这名士兵担忧，以为将军会对他严加批评。可谁也没想到，将军却笑容可掬地说："是呀，马克思也有搬家的时候啊！"

话音一落，笑声四起，座谈会的气氛顿时变得活跃起来，士兵们也都说出了自己的心里话。

可见，当气氛不洽时，要巧用心思，随机应变。

3. "给台阶下"

有时候对方陷入谈话困境后，并不是想硬撑下去，而是苦于没有"可下的台阶"。如果我们能及时巧妙地给对方一个可转移的话题，让对方顺着这个话题说下去，对方就会顺势而为，"下了台阶"，也不失"面子"。

有一天，某家商场来了一位顾客，要求退回前一天刚买的一双皮鞋。按照商场规定，售出的皮鞋在一周之内可以退换，那位顾客对年轻的售货员说："这双皮鞋是昨天买的，当时我爱人没来，我觉得大小合适就买了。可是买回去一试，才发现这双皮鞋小了一点，而且他昨天也买了一双，因此我们想把这双退了。"

售货员仔细地检查了一下皮鞋，发现这双皮鞋并不是本商场售出的，而是一双假鞋，于是就跟那位顾客说："这双皮鞋不是我们售出的，这是一双假鞋，我们不能退换。"但是那位顾客坚持说就是在这里买的，怎么不能换呢？双方发生了争吵。那位顾客显得很愤怒，出言不逊，还发誓说就是在这里买的，引来了许多顾客围观。

此时，经理闻讯赶来，仔细检查了这双皮鞋，认定这双皮鞋确实是假货。这下事情严重了，商场一向是不售假货的，如果处理不好，围观的人这么多，一定会影响商场的信誉。他想向顾客直接说明这一点，但是考虑到那位顾客在众多人面前，是不会轻易认错的。他想了想，对那位顾客说："我想知道，你们家里是不是有一双与它相像的皮鞋，您有可能拿错了。我们这里曾经有过这种情况，有位顾客要求换鞋，却错误地拿了一双穿过好多天的皮鞋，我怀疑您也遇到了这种情况。您看，真皮与假皮仔细比较，还是能分辨出来的。"

　　说着，经理随手从货架上拿起一双皮鞋，比给顾客看，然后又说："我们这里货源都是有保证的，还没有出现过类似的情况。"那位顾客看了看，知道自己弄巧成拙，在无可争辩的事实面前，不好狡辩，而且，经理又给自己准备了一个"台阶"，于是说："想必是我弄错了，我回去问问，如果没有弄错，我再来找你们。"说完，收起那双假皮鞋走了。

　　古人云："人非圣贤，孰能无过。"人都有爱"面子"、怕尴尬、怕"下不了台"的自尊心，但又不能避免言语上的疏漏，如果你能在关键时刻替人"圆场"，驾驭交谈的气氛，你就是真正的交际高手。

第五章

学会和陌生人建立友谊

社交中始终保持得体的仪态

你如果想在交际场上穿梭自如、风度翩翩、魅力无穷，那么绝对少不了用得体、风趣的仪态为给自己增色。

仪态，又称体态，是指人的身体姿态和风度。姿态是身体所表现出来的样子，风度是人的内在气质的外在表现。人的举手投足、一颦一笑，都具有传情达意的作用。人们可以通过自己的仪态向他人传递自己的学识与修养，并与对方交流思想、表达感情。正如艺术家达·芬奇所说："从仪态了解人的内心世界、把握人的本来面目，往往具有相当的准确性和可靠性。"用得体的仪态表情达意，往往比语言让人感到更真实、生动。所以，在社交中必须讲究仪态美。

交谈中的礼仪几乎涉及应酬的每一个环节，如礼貌的说话，包括感谢、道歉、赞扬、批评等，又如敬酒、敬茶、点菜、吃饭等细小却彰显个人修养的动作，又如穿着、举止等整体形象，还包括圆场、造势等一些特殊的技巧。礼仪本质上是向别人传达友好的信号，提升自己在别人心目中的印象。社交中的礼仪主要包括：

跟谁都能交朋友

1. 仪表整洁，打扮得体

一个人的仪表在某种程度上受先天条件限制，有的人天生靓丽或是帅气；有的人则相貌平平，难以引起别人的注意。外貌固然会对一个人的外在仪表产生重要影响，却不是最关键的因素。在人际交往中，对一个人发自内心的好恶亲疏，往往是根据见面之初对于这个人仪表的基本印象"有感而发"的。

一个人天生的"资本"再好，如果没有得体的修饰与打扮，也会让自己看上去"不过如此"；一个人生得再普通，如果经过得体的打扮，再辅以合适的言谈和举止，也可以变得风度翩翩，成为人群中惹眼的一员。

每个人的先天条件固然重要，然而，这也并非意味着一个在仪容方面先天条件优越的人，便可以过分地自恃其长，而不去进行任何后天的修饰或维护。一个人倘若不注意对本人的仪容进行修饰与维护，即使是谈吐高雅，在他人的心目中往往也难有良好的个人形象可言。我们在平时必须时刻不忘对自己的仪容进行必要的修饰和整理，做到"内正其心，外正其容"，注意穿着，打扮得体，整洁利落，给人良好的第一印象。

2. 行为文明，保持仪态美

一个人举止端庄、行为文明、谈吐不凡是具有良好素养的表现，能帮助个人树立良好形象，也能为个人赢得美誉。

在应酬场合，有一些公认的行为是绝对不应该在与人交谈时出现的，如：

一边说话一边打哈欠，容易给人留下你很不耐烦的印象。

一边说话一边掏耳和挖鼻，这是很不雅的小动作，而且失礼。

一边说话一边剔牙，要注意剔牙时不要露出牙齿，不要把碎屑乱吐一气，最好用左手掩嘴，头略向侧偏，吐出碎屑时用纸巾接住。

一边说话一边搔头皮，这种行为在公共场合，尤其在社交场合是非常失礼的。

一边说话一边抖动双腿，这种小动作虽然无伤大雅，但双腿颤动不停会令人觉得不舒服，而且也会给人情绪不安定的感觉。

在与人交谈时，如果无其他重要约会，最好少看自己的手表。因为这样的小动作会使对方认为你还有什么重要的事情，不愿意使谈话继续下去；也可能引起对方的误会，认为你没有耐心再谈下去。如果确实有事在身的话，不妨委婉地告诉对方改日再谈，并表示歉意。

3. 交谈需要自信的态度

自信是人际交往的重要基础。一般有所成就的人，不随波逐流或唯唯诺诺，而是有自己的想法与作风；他们对自己了解得相当清楚，常常肯定自己，并且能够通过自己适当的表现获得周围的人的认可。自信的人也常常是最会交谈的人。

当美国前总统罗斯福还是参议员时，潇洒英俊，才华横溢，深受人们爱戴。有一天，罗斯福在加勒比海度假，游泳时突然感到腿部麻痹，动弹不得，幸亏旁边的人发现和挽救得及时，才避免了一场悲剧的发生。经过医生的诊断，罗斯福被证实患上了"腿部麻痹症"。医生对他说："你可能会丧失行走的能力。"罗斯福并没有被医生的话吓倒，反而笑呵呵地对医生说："我还要走路，而且我还要走进白宫。"

第一次竞选总统时，罗斯福对助选员说："你们布置一个大讲台，我要让所有的选民看到我这个患麻痹症的人，可以'走到前面'演讲，不需要任何拐杖。"

当天，罗斯福穿着笔挺的西装，面容充满自信，从后台走上演讲台。他的每次迈步声都让每个美国人深深感受到他的坚强的意志和十足的信心。后来，罗斯福成为美国政治史上唯一一个连任四届的伟大的总统。

爱默生说过："自信是成功的第一秘诀。"在与他人交谈时，你的自我感觉会在很大程度上影响别人如何看待你。如果你都觉得自己"不行"，那么你让对方如何对你赏识、与你继续交谈下去呢？所以说，培养自信心是非常重要的，它会让你在与人交谈的过程中受益无穷。

自信是成功的先决条件。一个人如果没有自信，那么他的言语的影响力就弱，他所要表达的想法就不会被有效传达，也不利于和他人进行有效的交谈。

4. 注意场合，言语得当

与人交谈时绝不能信口开河，嘴上没有"把门"的；要避免与人争辩；也不要非得与别人争个高低。另外，不懂不要装懂，千万别为了找话题、"拉关系"而冒充内行。谁都不是"百科全书"，但是如果自欺欺人，往往会给他人留下不好的印象。

善于寻找话题，突破交谈障碍

很多人与朋友交谈不会存在太大的问题，但是与陌生人交谈的时候就会产生一些不知道如何处理的情况。与陌生人谈话是交谈中的一大难关，处理好这一难关可以使人结识很多朋友，处理不好则会引起尴尬，失去很多机会。

或许你已经发现，在陌生的社交场合中，90%以上的人在等待别人主动与自己打招呼，只有极少数人会走到别人面前，一边伸手一边自我介绍。这种现象其实包含着交谈成败的特殊"密码"。

美国总统罗斯福是一个善于和人交谈的高手。在早年还没有当选总统的时候，有一次参加宴会，他看见席间坐着许多不认识的人。如何使这些不熟悉的人都成为自己的朋友呢？他稍加思索，想到了一个好办法。

罗斯福找到了自己熟悉的记者，从记者那里把自己想认识的人的姓名、情况打听清楚，然后主动走上前去叫出他们的名字，谈一些他们感兴趣的事。

此举使罗斯福大获成功。之后，他运用这个方法为自己后来竞选总统赢得了众多的有力支持者。

懂得怎样顺畅地与人结识并交谈，是人必备的一项社会生存技能。其实，老朋友都是由新朋友发展而来的，新朋友都是从陌生人发展而来的。只有当你主动开口和陌生人交流后，才能消除素不相识所带来的隔阂，你们才能发展成为朋友。培养自己和陌生人交谈的习惯和技巧是扩大自己的"交际圈"和人际关系的保障。

同陌生人交谈的最大困难在于不了解对方，因此首先要尽快熟悉对方，消除陌生感。你可以先自我介绍，再去请教对方的姓名、职业，然后试探性地引出彼此都感兴趣的话题。如果还未提及自己的情况就开口先问对方，对方可能会并不愿意回答。一般情况下，你主动提及了自己某方面的情况，对方多半也会乐意在这些方面谈谈自己的情况。

同陌生人交谈，要善于寻找话题。有人说："交谈中要学会没话找话的本领。"所谓"找话"就是"找话题"。写文章，有了好题目，往往会文思泉涌，一挥而就；交谈，有了好话题，往往能使谈话融洽自如。那么，如何找到话题呢？

1. 留心观察

一个人的心理状态、精神追求、生活爱好等，都或多或少地会在他的表情、服饰、谈吐、举止等方面有所表现，只要你善于观察，就会发现你们之间的共同点。

2. 以话试探

两个陌生人刚开始往往相对无言，为了打破沉默的局面，首先要开口讲话。可以自言自语，如"天太冷了"，对方听到这句话便可能会主动回答，将谈话进行下去；还可以以动作开场，随手帮对方做点事，如推下行李箱等；也可以发现对方的口音特点，打开开口交际的局面。

3. 以对方为话题

人们往往千方百计地想使别人注意自己，但大部分的"成绩"令人失望，因为别人不会关心你我，只会关心他自己。因此，以对方作为谈话的开端，往往能令对方产生好感。赞美陌生人一句"你的衣服搭配得真好"，"你的发型很新潮"，能使对方快乐并缓和彼此的生疏。

4. "攀亲认友"

这个办法虽然不太被推崇，但实用性非常强。通常，只要对一个素不相识的人做一番认真的调查，就能找到或明或隐、或近或远的亲友关系，如果见面时"拉上"这层关系，就能缩短双方的心理距离，使对方产生亲切感。

1984 年 5 月，美国里根总统访问上海复旦大学。在一间大教室内，里根总统面对 100 多位初次见面的复旦学生，他的开场白就紧紧抓住了彼此之间还算"亲近"的关系："其实，我和你们学校有着密切的关系。你们的谢希德校长同我的夫人南希都是美国史密斯学院的校友呢。照此看来，我和各位自然也都是朋友了！"此话一出，全场鼓掌。短短的几句话，拉近了彼此间的距离。

5. 细加揣摩，仔细分析

为了找到与陌生人的共同点，应该留心他们跟别人的谈话，对他们的谈话进行分析、揣摩，这样你就可从中发现共同点。

在一家大型百货商场，一位军官对服务员说："请你给我找一件特大号的服装。"

这位军官是苏北人，把"我"说成了地道的苏北土语。另一位军官听了这句话，也用手指着货架上的某一商品对营业员说了一句相同的话。两句话的字里行间都渗透着苏北乡土气息。

两个陌生人相视一笑，各自买了要买的东西，出门就谈了起来，从老家问到部队，从眼下任务谈到这些年来走过的路，并介绍着各自将来的打算。身在异乡的一对老乡的亲热劲，不知情的人怎么也不会相信是因为听到了其中一位一句家乡话而带来的。

可见，细心"听话"可以找出双方的共同点，使陌生的路人变为熟人，进而发展成为朋友。

看人说话"投其所好"

没有人会喜欢一个谈话只讲自己而不关心别人的人。人们总是喜欢和那些与自己有共同话题、能够迎合自己趣味的人交往。

美国一位文学教授曾经讲到自己的一段真实经历：

在六岁那年，一个星期六，我去姨妈家过周末。傍晚时分，来了一个中年男子，他先和姨妈嘻嘻哈哈聊了一阵，然后走近我和我说话。我当时正迷恋着小船，整天抱着小船爱不释手。我以为他只是随便和我聊几句，没想到他对我说的全是有关小船的事。等他走了以后，我还念念不忘地和姨妈说："那位先生真了不起，他懂得很多关于小船的事，很少有人会那么喜欢小船。"

姨妈笑着告诉我，那位客人是纽约的一位律师，他对小船根本没有研究。

我不解地问："为什么他说的话都和小船有关呢？"

"那是因为他是一位有礼貌的绅士，他想和你做朋友，知道你喜欢小船，所以专门挑你喜欢的话题说。"姨妈说。

可见，要和别人做朋友，就要根据对方的喜好、特点和身份来把握话题。

跟谁都能交朋友

要与人顺利地交谈，"投其所好"很重要。可以试试以下技巧：

1. 细心揣摩对方的性格特征，注意对方的性别

如果对方性格外向，你就可以说话随便一些，开开玩笑，斗斗嘴，对方会很自然地接受；如果对方性格内向、敏感，你可以讲一些合适的笑话，让对方开朗一些，最重要的是表现出真诚，也可以多谈一些对方比较在意、隐藏在内心深处的话题，让对方觉得你是在真正地关心他。

有的女孩性格外向，个性鲜明，男孩子气十足，你若跟她谈化妆、美容，她也许会毫无兴趣，但如果谈足球、姚明，她可能会兴致勃勃。针对不同的性格，你应该学会说不同的话。

同样说人胖，男性往往会一笑置之，女性则可能把脸拉下来，自尊心受到伤害，这是性别带来的差异。所以，同样的话对男性和女性的作用是不一样的。说话时，要注意到这种差异，对不同性别的人说话区别对待。

2. 看对方的身份特征

俗话说："秀才遇见兵，有理说不清。"如果你对普通的工人、农民摆出知识分子的"架子"，满口"之乎者也"，肯定会让对方满头雾水，更别说被接受了。要是遇见文化修养较高的人，开口就一副江湖气，也很容易引起对方的反感，更无法获得对方的信任。

3. 看对方的年龄特征

老年人喜欢别人说他年轻，小孩则不喜欢大人总是说他太小；中年人喜欢别人说他事业有成、家庭美满，年轻人则喜欢别

人说他有闯劲有活力。可见，不同年龄层次的人喜欢不同的话题。

如果你要打听对方的年龄，对小孩可以直接问"今年多大了？"对老年人则要问："您今年高寿？"

不提倡问女士的年龄，如果非要问，也要讲究方法，把握好分寸，不让别人觉得唐突、不礼貌。对年龄相近的女性可以试探说："你好像没我大？"对年龄稍大的女性则可以问："您也就三十出头吧？"这样一来，皆大欢喜。

4. 看对方的心理需求

不同的人会有不同的心理需求。如果你了解这一点，就很容易把话说到人的心坎里。

19 世纪的维也纳，上层妇女喜欢戴一种高檐帽。她们进剧院看戏也总是戴着帽子，常常挡住后排人的视线。剧院要求她们把帽子摘下来，她们都置之不理。剧院经理灵机一动，说："女士们请注意，本剧院要求观众摘帽看戏，但是年老一些的女士可以不必摘帽。"

此话一出，全场的女性都自觉地把帽子摘了下来：哪个女人愿意承认自己老啊！

剧院经理就是利用了女性爱美、渴望年轻的心理特点和情感需求，顺利地说服了她们摘帽。

5. 注意"自己人"和"外人"的场合

场合中全是自己熟悉的朋友，那么说话就可以推心置腹，天南海北，无所不谈，甚至一些放肆的话说出来也无伤大雅；但如果在场的都是交往不深的人，就要"板着点"自己，不可肆意妄为。做事情也要公事公办，不要不分对象乱套近乎。

如果在比较随便的场合，可以说诸如"我顺便来看看你"这样的话，可是如果在比较庄重的场合说"我顺便来看看你"，就显得太过随便了。

6. 注意喜庆和悲痛的场合

说话应该和场合中的气氛相协调，不能在喜庆的场合说些丧气话，也不能在悲痛的时候说喜庆的事，这样会让人心里别扭，甚至恼怒。

某村有个老太太死在家里，亲属们一起商量后事。老太太生前嘱咐要土葬，但是现在土葬已经不合时宜了，于是大家七嘴八舌，发表个人看法。老太太的一个孙子说："这样吧，奶奶死了不是埋掉就是烧掉。现在尸体停在家里，人来人往的，总不是个事，我看烧掉最好，省钱省事！"

这番话听得大家十分恼火，恨不得上去打他一巴掌。

这时候，另外一个孙子上来说："奶奶走了我很难过。现在遗体放在屋子里得赶紧料理才行。奶奶生前有土葬的愿望，可土葬现在已经不行了，我看还是赶紧火化好。我是晚辈，请大家考虑。大主意还是叔叔伯伯拿！"

这番话听得大家舒舒服服，叔叔伯伯赶紧拿了个主意，把老太太火化了。

本来老人去世是一件悲痛的事，可是第一个孙子上来就说出"死了""埋掉""烧掉""尸体"这种难听的字眼，最后还来了个"省钱省事"，显得不合时宜，冷酷无情；而第二个孙子讲话情真意切，在情在理，很有分寸，自然让人听了舒服。

7. 说多说少看场合

话该说多还是说少，也有讲究。对方如果很忙，时间很紧张，跟他说话就要简明扼要；如果你不知趣、没眼色，自顾自地侃侃而谈，对方已经在频频看表了，你还意犹未尽，就让人尴尬了。

如果在一些该发表看法和见解的场合，你却惜字如金，半天不说一句话，或者只是草草讲几句就了事，也难免会让人觉得索然无趣。所以，要根据不同的场合来控制自己说话的长短。

交谈一大秘诀——记名字

你一定有这样的经历：当你对一个交谈对象能迅速而亲切地叫出对方的名字时，对方往往会心情大好，谈话也就自然而然地开始了。俗话说：人过留名，雁过留声。姓名是人的标志，人们出于自尊，总是最珍爱它，同时也希望别人能尊重它。如果你与打过交道的人再次见面，能一下叫出对方的名字，对方一定会感到非常亲切，对你的好感也会油然而生。

孩子出生后，父母为了孩子将来能够幸福和成功，绞尽脑汁地为孩子取名，所以人们对自己的名字都有着很不一般的感情。所以，踏入社会和人交往的第一秘诀就是记住他人的名字，绝不要第二次问人家的尊姓大名。因为记住每个人的名字，是尊重一个人的开始，也是与人有效交谈的第一步。

吉姆·佛雷 10 岁那年，父亲意外丧生，留下他和母亲及两个弟弟。由于家境贫寒，他不得不辍学，到砖厂打工赚钱贴补家用。他虽然学历有限，却凭着热情和坦率，处处受人欢迎，进而进入政坛。最叫人佩服的是他有着非凡的记人本领，任何认识过的人，他都能牢牢记着对方的全名，而且只字不差。

吉姆·佛雷连高中都没读过，但他在 46 岁那年，已有四所大学颁给他荣誉学位，并且高居民主党要职，还担任邮政部长之职。

有一次，有一位记者问起吉姆·佛雷成功的秘诀。他说："辛勤工作，就这么简单。"记者有些疑惑，说道："你别开玩笑了！"

吉姆·佛雷反问道："那你认为我成功的原因是什么？"

记者说："听说你可以一字不差地叫出一万个朋友的名字。"

"不，你错了！"吉姆·佛雷立即回答道："我能叫得出名字的人，少说也有五万人。"

这就是吉姆·佛雷的过人之处。每当刚认识一个人时，他定会先弄清对方的全名、家庭状况、所从事的工作，以及对方的政治立场，然后据此对对方建立一个大略的印象。当他下一次再见到这个人时，不管隔了多久，他一定仍能迎上前去在对方肩上拍拍，嘘寒问暖一番，或者问问对方的老婆孩子，或是问问对方最近的工作情形。有这份本领，也难怪别人会觉得他平易近人、和善可亲了。

记住别人的名字，不仅传递了你对别人的尊重，满足了人基本的心理需求，拉近了人与人之间的距离，也体现了你的知识、涵养和魅力所在。

善于记住别人的姓名是一种礼貌，也是一种"感情投资"，在人际交往中会起到意想不到的效果。牢记别人的名字，在见面时正确无误地叫出来，对任何人来说，都是一种尊重、友善的表现。否则，如果你不慎忘记而叫错了人家的名字，很可能会招来不快。

跟谁都能交朋友

　　世界上天生就能记住别人名字的人并不多见，大多数人能做到这一点全靠有意培养形成的好习惯。你一旦养成了这个好习惯，就能在人际关系和社会活动中占有很多优势。

　　拿破仑的侄子，法国国王拿破仑三世，曾称他能记下他所见过的每一个人的名字。平日政务繁忙的他，能做到这点，说穿了很简单。如果他在介绍时没听清对方的名字，他会立即说："抱歉！我没听清楚你叫什么名字。"如果对方的姓名很特殊，他还会问："请问是怎样拼法？"在谈话之中，他会刻意地提起对方的名字，以加深自己的印象，并暗中注意对方的外形、表情和反应，记下对方的种种特征。

　　美国一位学者曾经说过："一种既简单又重要的获得好感的方法，就是牢记别人的姓名，并且在下一次见面时喊出他的姓名。"名字作为每个人特有的标识，是非常重要的。对一个人来说，自己的名字是世界上听起来最亲切和最重要的声音。它是获得友谊、达成交易、得到新的合作伙伴的"通行证"。所以去尝试记住别人的名字，不仅是对他们的尊重和对他们的重视的表现，也会让他们对你产生更好的印象。

在交谈中善用"我们"

在交谈中，"我们"这个词可以制造彼此间的共同意识，拉近双方的距离，对促进人际关系有很大的帮助。

曾经有一位心理学家做了一项有名的实验，他选编了三个小团体，分派三人饰演专制型、放任型、民主型的领导人，然后对这三个团体进行意识调查。结果，民主型领导人所带领的团体，表现出了最强烈的同伴意识。其中最有趣的，就是这个团体中的成员大都使用"我们"一词来说话。

经常听演讲的人，大都有过这样的经验，就是演讲者说"我们是否应该这样"比"我这么想"更能使拉近与听众的距离。因为"我们"这个字眼，就是要表现"你也参与其中"的意思，所以会令对方心中产生一种参与意识，按照心理学的说法，这是"卷入效果"。

人心是很微妙的，同样是与人交谈，有的说话方式会令对方反感，有的说话方式却会令对方不由自主地产生好感。正如亨利·福特二世描述令人厌烦的行为时说的那样："一个满嘴'我'的人，一个独占'我'字、随时随地说'我'的人，是一个不受欢迎的人。"

事实上，我们在听别人说话时，对方说"我""我认为……"

带给我们的感受，远不如采用"我们……"的说法，因为这种说法可以让人产生参与意识。

因此，一个善于交谈的人，在交谈中，总会避开"我"字，而用"我们"开头。那么，怎样培养多用"我们"的说话习惯呢？

首先，要尽量少用"我"字或尽量省略主语。

比如，"我对我们公司的员工做了一次调查统计，（我）发现有四成的员工对公司有不满情绪，（我认为）这些不满情绪来自于奖金的分配不公，（我建议）是不是可以……"

第一句用了"我"，便让主语十分明确，那么后面几句中的"我"不妨通通省去。如此一来，句子的意思表达丝毫不受影响，语句却显得很简洁，避免了不必要的重复，同时还使得"我"字不至于太过突出。

其次，提及"我"字时，要用平稳和缓的语调以及自然谦和的表情动作来表达。

例如，"我"不要读成重音，也不要拖长语音；目光不要咄咄逼人，表情不要眉飞色舞，神态不要扬扬得意，语气也不要过分渲染；要把表达重点放在事件的客观叙述上，而不要突出做这件事的"我"，更不要使听者感觉你高人一等，或者你是在吹嘘自己。

最后，用"我们"一词代替"我"。

以复数的第一人称代替单数的第一人称，可以缩短双方的心理距离，促进彼此的情感交流。例如，"我建议，今天下午……"可以改成"今天下午，我们……好吗？"

试试这些方法吧，不久你就会领略到"我们"这个词的奇特魅力。

交谈的基础是倾听

俗话说得好："会说的不如会听的。"也就是说，只有会听，才能真正会说；只有会听，才能更好地了解对方，促成有效的交流。

曾经有个小国向大国进贡了三个一模一样的金人，把皇帝高兴坏了。可是这小国不厚道，同时出了一道题目：这三个金人哪个最有价值？

皇帝想了许多办法，请来珠宝匠检查，称重量，看做工，发现三个金人都是一模一样的。怎么办？使者还等着回去汇报呢。泱泱大国，不会连这件小事都不懂吧？

最后，有一位退位的老大臣说他有办法。

皇帝将使者请到大殿，老臣胸有成竹地拿着三根稻草，插入第一个金人的耳朵里，这稻草从另一边耳朵出来了。第二个金人的稻草从嘴巴里直接掉出来。而第三个金人，稻草进去后掉进了肚子，什么响动也没有。老臣说：第三个金人最有价值！

使者回答说，答案正确。

虽然三个金人都有各自的价值，但是第三个金人却因为善于倾听别人的意见而价值最大。这个故事告诉我们：最能说的人，

跟谁都能交朋友

不一定是最有价值的人。我们生有两只耳朵一个嘴巴，本来就是让我们多听少说的。

交谈的基础是倾听。不重视、不善于倾听是不礼貌、不善于交谈的表现。但在现实中，有很多人并没有真正掌握"听"的艺术。

美国汽车推销之王乔·吉拉德曾有一次深刻的体验。一次，某位名人来向他买车，他推荐了一款最好的车型给他。那人对车很满意，掏出 10000 美元现钞，眼看就要成交了，对方却突然变卦离去。

乔·吉拉德为此事懊恼了一下午，百思不得其解。到了晚上 11 点，他忍不住打电话给那人："您好！我是乔·吉拉德，今天下午我曾经向您介绍一部新车,眼看您就要买下,却突然走了。"

"喂，你知道现在是什么时候吗？"

"非常抱歉，我知道现在已经是晚上 11 点钟了，但是我检讨了一下午，实在想不出自己错在哪里了，因此特地打电话向您讨教。"

"真的吗？"

"肺腑之言。"

"很好！你在用心听我说话吗？"

"非常用心。"

"可是今天下午你根本没有用心听我说话。就在签字之前，我提到我的吉米即将进入大学念医科，我还提到他的学科成绩、运动能力以及他将来的抱负，我以他为荣，但是你毫无反应。"

乔·吉拉德不记得对方曾说过这些事，因为他当时根本没有注意。乔·吉拉德认为已经谈妥那笔生意了，他不但无心听对方说什么，反而在听办公室内另一位推销员讲笑话。这件事让他领悟到"听"的重要性，让他认识到如果不能自始至终地倾听客户讲话的内容，认同客户的心理感受，难免会失去客户。

一个讲话者总希望他的听众听完他发表的意见，如果你对此漫不经心，或者毫不在乎，这就在一定程度上伤害了他的自尊心，他原来对你的好感也会顷刻化为乌有。因此，如果你要在交谈中赢得他人的好感，那么你首先要做到的便是用心地倾听。戴尔·卡耐基说："专心听别人讲话的态度是我们所能给予别人的最大赞美。"

在人与人的交往中，"听"是一项非常重要的技能。如果你是一个善于倾听的人，你会发现别人自然而然地被你吸引。

韦恩是罗宾见到的最受欢迎的人士之一。韦恩总能受到邀请，经常有人请他参加聚会、共进午餐、打高尔夫球或网球。

一天晚上，罗宾碰巧到一个朋友家参加一次小型社交活动，发现韦恩和一个漂亮女孩坐在一个角落里。出于好奇，罗宾远远地观察了一段时间。罗宾发现那位漂亮女孩一直在说，而韦恩好像一句话也没说，他只是有时笑一笑，点一点头，仅此而已。几小时后，他们起身，谢过男女主人，走了。

第二天，罗宾见到韦恩时禁不住问道："昨天晚上我在斯旺森家看见你和一个迷人的女孩在一起。她好像完全被你吸引住了。你怎么抓住她的注意力的？"

"很简单。"韦恩说，"斯旺森太太把乔安介绍给我，我只

对她说：'你的皮肤晒得真漂亮，在冬季也这么漂亮，是怎么做的？你去哪儿了呢？阿卡普尔科还是夏威夷？'

"'夏威夷。'她说，'夏威夷永远都风景如画。'

"'你能把一切都告诉我吗？'我说。

"'当然。'她回答。我们就找了个安静的角落，接下去的两个小时她一直在谈夏威夷。

"今天早晨那个女孩打电话给我，说她很喜欢我陪她聊天。她说很想再见到我，因为我是最有意思的谈伴。但说实话，我整个晚上就没说几句话。"

看出韦恩受欢迎的秘诀了吗？很简单，韦恩只是让女孩谈自己。他之所以受欢迎，是因为他对任何人都这样说："请告诉我这一切。"这足以让一般人激动好久。人们喜欢韦恩就因为他善于倾听他们的谈话。

由此可见，专注认真地倾听别人的谈话，向对方表示你的友善和兴趣，这样做能使双方感情相通、休戚与共，增加信任。

在谈话过程中，你若耐心倾听对方谈话，就等于告诉对方"你说的东西很有价值"或"你值得我结交"，等于表示你对对方感兴趣，同时也使对方感到他的自尊得到了满足。由此，说者对听者的感情也会更进一步，于是，二人心灵的距离缩短，只要时机成熟，两人就会很谈得来。

所以说，善于倾听是人交谈时不可缺少的素质之一，是人与人交往的一个必要前提。

学会"看脸色"，"洞悉"他人心思

俗话说："出门观天色，进门看脸色。"人们喜欢根据天气变化的情况来做出行的装备工作，能关注外界的天气变化而做出相应的改变。而进门时同样需要"看脸色"，即不要忽视了交谈中"天气"的变化情况。不善于察言观色的人，不会洞悉他人的心思，会给交谈带来诸多不利因素。

有位心理学家曾讲过："在知识的世界中，最需要学习的就是如何洞察他人的心思。"在人际交往中，我们既要察言，又要观色，把它们结合起来，对提高我们的交际能力十分重要。

察言观色，从心理学的角度来诠释，即"敏感度"，也就是情商中的"认识他人的情绪"。这是与人交谈的重要条件。一个人只有在最短的时间内察识他人的喜怒哀乐，才有机会与其交谈。

察言观色是人情往来中的交谈技术，即通过对别人的肢体语言、面部表情、语言音调等隐含的信号来正确地识别别人的情绪。有的人大大咧咧，常常在不知不觉中得罪人，这就是没有观察到别人的反应，没有考虑到别人的感受造成的。

一个举人经过科举考试得了山东某县县令的职位。他第一次

跟谁都能交朋友

去拜见上司，想不出该说什么话。沉默了一会儿，他忽然问道："大人尊姓？"这位上司很吃惊，勉强说了姓某。他低头想了很久，说："大人的姓，百家姓中没有。"上司更加惊异，说："我是旗人？贵县不知道吗？"他又站起来，问："大人在哪一旗？"上司说："正红旗。"他说："正黄旗最好，大人怎么不在正黄旗呢？"上司勃然大怒，问："贵县是哪一省的人？"他说："广西。"上司说："广东最好，你为什么不在广东？"

这人吃了一惊，这才发现上司满脸怒气，赶快走了出去。第二天，上司将他免职。究其原因，便是这人不会察言观色。

在交谈中，智者往往善于从交谈对象的面部表情来了解其内心的情绪变化，以做出相应的交际方式，而愚者却不善此道，十有八九会把事情弄糟，甚至使自己的利益受到损害。

如果我们每个人在交谈中都能察言观色，随时改变先前的决定，或退或进，随时把自己的言行进行恰当的组合或分解，那么，交谈的成功率一定会很高。

有位记者去采访刚同别队交过锋的足球运动员。这位记者一进门，发现休息间气氛沉闷，守门员铁青着脸、圆睁着眼，赶紧退了出来，取消了这次采访。后来，这位记者才知道，运动员们吃了败仗，正在怄气。倘若当时不看脸色，硬要不知趣地采访吃败仗的"将军"，肯定不会有"好果子"吃。可见，这位记者颇有经验，懂得"看云识天气"。

学会察言观色，留意他人的表情，就是要有识别他人情绪的能力，这不仅可以了解他人的情绪，同时需要接纳他人的情绪。

当然这并不是要你一定委曲求全或全盘赞同他人的意见，而是说要从他人的角度去体会他人的感受，更好地理解他人，换个角度看问题，与他人互谅互让，这样才能该进则进，该退则退，当止即止，避免许多不必要的口舌之争。

总之，一个深谙交谈之道的人，往往善于察言观色、洞悉他人心思、感受他人心情，具有较高的交谈能力，能以积极、主动的方式来应对人际交往，营造和谐的人际关系。

拒绝别人时要顾"面子"

在社交场合中,我们有求人办事的时候,也会遇到别人求我们办事的时候。如果我们有能力自然好办,可是如果对方的要求我们实在很难满足,想要拒绝却是一件难办的事。而拒绝别人,又不得罪人,有时候甚至是一种奢求。不善于拒绝的人,一次拒绝就有可能得罪了多年的深交;而善于拒绝的人,即使天天都在"拒绝",也始终能广结"人缘",游刃有余。

我们在生活和工作中,需要与各种各样的人打交道,也需要处理各种各样的事务。学会拒绝的艺术,会使我们得到有益的收获。

张远是某公司的职员,他平日里少言寡语,不善言谈。有一次,老板派给他一个任务——出差催款。

张远性格内向,不善于和别人打交道,催款这种事情他做不来,应该交给能说会道、善于交际的人去做才好。张远心里这么想,却不敢说出来,也没有勇气拒绝老板,只好硬着头皮答应了。

来到目的地,对方热情招待张远,酒桌上对方要张远喝酒。张远坚持自己的原则,一口也不喝,让对方"下不了台"。对方一气之下,编了一个理由,把张远打发走了。张远没有完成任务,老板非常生气，说："如果你办不到，为什么还要答应？这是工作，不是游戏，逞什么英雄！"

在与他人的交谈和交往中，拒绝他人的要求虽然很有必要，但做起来往往不是那么简单。该答应的时候答应，该拒绝的时候拒绝，这是一种能力。否则，就会像张远一样给自己带来很多的麻烦。

有时候，直截了当地说出拒绝的话很难，这就要求人掌握拒绝的技巧。

拒绝别人时态度要平和。不要在他人开口要求时予以断然拒绝。对他人的请求采取迅速反驳的态度，或流露出不快的神色，或藐视对方，坚持完全不妥协的态度等，都是不妥当的，而应该以和蔼可亲的态度诚恳应对。

拒绝别人要开诚布公，明确说出事实。要据实言明，不要采取模棱两可的说法，致使对方摸不清自己的真正意思，而产生许多不必要的误会，导致彼此的关系破裂。

拒绝别人时不要伤害对方的自尊心。只要你能表示尊重对方的意愿，直率地讲出自己的难处，对方一般是会谅解的。

拒绝别人时，要给对方留一条退路，也就是给对方留"面子"，要能让对方自己"下梯子"。你必须自始至终很有耐心地把对方的话听完，当你完全听完对方的话后，心里应该有了主意，这时再来说服对方，就不会使对方难堪了。我们可以用以下的一些技巧：

1. 沉默不语

有人请求你："给我画一幅肖像吧！"你可以笑一笑，沉默不语，对方自然会明白你的意思。

2. 以情动人

小林家突然来了个朋友，说是借钱。小林知道这个朋友是个赌徒，已经负债累累，借钱给他，肯定是"肉包子打狗——有去无回"。于是小林诚恳地说："我刚结婚不久，结婚时欠了两万元钱的债到现在还没还完。再说，这两年我母亲身体也不好，看病花了不少钱，家庭负担很重，对你的要求我实在无能为力啊！"

话说得如此诚恳，理由如此充分，朋友自然也不好再说什么。

3. 暗示拒绝

如果有人找你谈话，而你不想再谈，可以转动脖子、按太阳穴、目光游移，做出一些漫不经心的动作，向对方暗示，你已经很疲惫或者没有兴致。也可以用语言暗示："找我有事吗？我正想出去呢。"

4. 先肯定后否定

不要一开口就说"不行"，而要先表示理解、同情，然后再据实说出无法接受的理由，以获得对方的理解。

王军和李海是大学同学，毕业后一直没有太深的交往。一天，王军却登门拜访，想向李海借点钱。李海很犯难：借吧，恐怕一去无回；不借吧，怕不给老同学"面子"。思酌再三，李海说："你在困难的时候找到我，是信任我，但是不巧我刚刚住进新房子，你也看见了，哪里都需要钱。你先等几天，我要是能攒下点钱就一定借给你。"李海这么一说，王军也不好意思再开口了。

5. 摆出自己的难处

当有人请你帮忙而你无能为力时，你可以这么说："我本人是很愿意帮助你，可是这个事情我一个人没办法做主啊！这些人事方面的事必须开会讨论决定，而且最后要正、副厅长一起签字才有效，所以你还是先把意见放在这儿，我们日后一定会优先考虑你的问题好不好？"

说明自己无法单独做主，还要请上级出面，这样对方就不会强求你什么了。

6. 为对方另想一个办法

比如，你可以说："我真的没有办法帮你。不过我可以向你推荐一个更合适的人。"这样在拒绝之后马上给予补偿，可以使对方因被拒绝而产生的不满和失望的情绪得到缓解，把责任引导到第三方身上。如果恰好这个第三方比原来的人更令人满意，这样的拒绝会更令对方高兴。

7. 坦言相告

对于有些过分或无理的要求，当自己不能给予满足的时候，就要坦言相告，如果遮遮掩掩、拖拖拉拉，反倒会让对方产生不满情绪。

当小包还在某个电视台做广告业务员的时候，他的一个亲戚正好开了一家保健品公司。一天，这位亲戚找到小包，问他能不能在小包负责的节目时段给他们公司的产品做一下广告，广告费以产品的形式来付。

小包非常清楚，这种做法是电视台明令禁止的，于是直言相告："这不行，不付广告费不能做广告。如果您晚一点付，我还能跟领导说说，可是您用产品付费，这肯定行不通。台里都是有规定的，我没有这么大权力。"

小包的亲戚也表示了理解，最后不再坚持。

8. 陈明利害，好言相劝

遇到确实无法办到的事情，要跟对方讲清道理，陈明利害关系，明确加以拒绝，但口气上要推心置腹。

小马的舅舅是一家石油公司的经理。小马和朋友合作开了一家加油站，想让舅舅给批一点低价油，这样就可以降低成本。舅舅诚恳地对小马说："我是经理，的确，我打个招呼你就可以买到低价油。但是我不能为你说这个话，这是几千人的公司，不是我一个人的。我只有经营的权力，没有走后门的权力。你看，生活上你有什么困难我都可以鼎力相助，但是这样的事情会让我犯错误。你也体谅我一下，好吗？"

小马一听舅舅说得有道理，也不再好意思给舅舅添麻烦了。

9. 含含糊糊

含含糊糊也就是"装糊涂"，给请托者以暗示。比如对方问："此事你能不能帮忙？"你可以回答说："我明天要去参加会议。"别人约你出去，你可以说："我今天有事要出去，下次一定去！"

含糊其词的方法可以用在不便明言回绝的情况下，回避请托人。如果对方是聪明人，他就能从你的话中感到，他的请托是不一定能得到你的帮助的，就不会再强人所难了。

10. 不要过分表示歉意

已经拒绝了别人，事情就到此为止，之后无论是惋惜也好，无奈也好，别人不高兴也好，都不要为了弥补对方就一个劲地说"可惜可惜""下次一定一定"之类的话，否则就会让人觉得虚伪。

11. 假托直言

直言是对人信任的表现，也是与对方关系密切的表现。但是多数情况下直言因"逆耳"而不能收到预期的效果。在这种情况下，要拒绝、制止或反对对方的某些要求、行为时，可采取假托的方式，即以由于非个人的原因作为借口从而加以拒绝，这样对方就会容易接受。例如，某报社的推销员登门拜访，请你订阅他们发行的报纸，可你不想订阅。你可以很有礼貌地说："谢谢。你们的服务很周到，可是我家已经订阅了其他几家报社的报纸了，请谅解。"

12. 以"他人"为借口

以"他人"为借口，这个"他人"是否说过你想借用的话不要紧，只要将眼前难办的事推脱掉而又不丢对方人的"面子"，就达到了目的。

小王在电器商场工作。一天，小王的一位朋友来买电视机。看遍店里陈列的样品，他还没有找到令自己十分满意的。最后，他要求小王领他到仓库里去看看。小王面对朋友，"不"字出不了口。于是，小王笑着说："前几天，我们经理刚下过命令，不准任何顾客进仓库。"尽管小王的朋友心中不悦，但毕竟比直接听到"不行"的回答要好多了。

学会拒绝的艺术，既可减少许多心理上的紧张和压力，也不致使自己在人际交往中陷于被动，有利于处理好人与人之间的关系。拒绝的艺术运用得好，可以达到文雅得体、幽然含蓄、弦外有音、余味无穷的奇妙境界。

第六章

与上司交往的艺术

主动沟通，化解误会

一般来说，下属与上司之间产生误解的原因是上下级之间的交谈出了问题。由于下属和上司间缺乏充分的交流，彼此对对方的情况没有一个较为清晰的认识，判断时容易加入一些主观色彩，这就导致对对方产生不客观的认识和推测。

在工作中，上下级之间难免会产生一些摩擦和碰撞，引起误解。这时候，如果下属不通过沟通和交谈处理好问题，就会加深矛盾，使自己陷入困境，甚至导致与上级的关系僵化。遭遇这样的事情时，必须控制好自己的情绪，先冷静下来，然后通过有效的交谈化解矛盾。

刘敏从大学毕业到一所中学教书，工作将近一年了，口碑比较好，但她感觉校长总是看她不顺眼。

一个月前，刘敏被校长莫名其妙地批评了一顿，事后才知道，是因为有一件事没做好。刘敏知道是校长误解了她，于是赶紧找校长解释，校长却冷冷地说："肯定是你做的，你诬陷别人做什么？"刘敏心里直嘀咕："明明不是我，为什么偏要赖我？"急得眼泪都掉下来了。校长却说："你看你，这么脆弱，说几句就成这样。"

跟谁都能交朋友

刘敏觉得很委屈，也一直想不通："校长为何不听我的解释而继续误解我？"她因此更加小心，生怕又出纰漏而惹校长不高兴。偶尔觉得委屈的时候，她私下向关系比较好的同事倾诉心中的苦恼，同事劝她再找校长好好谈一下。

于是刘敏鼓起勇气又去找校长，从事情的起因、经过，每一个细节都慢慢地讲清楚，最后说："如果校长认为是我的错，那我也无话可说，我一定会负起责任。"校长见她这么真挚，就相信了她。

被上司误解难免会在我们心里留下阴影，有些员工因为被上司误解就四处抱怨，这样除了影响自己工作，还会影响其他人的工作，导致其他人的积极性降低，让其他人处于消极的状态。所以，当遇到被上司误解的时候，要懂得如何去积极地面对这个问题。

上司误解了下属，有其主观上的原因，更有客观上的原因。上司处于一个中枢性的岗位，事务繁重，责任重大。他只能通过人事档案、他人的汇报、平时的印象、特殊考验等渠道对你有所了解，一般而言，他不会主动去找你进行交谈。这样，他便缺乏对你全面、直接和理性的认识，容易受他人意见的影响或本人直觉和主观判断的左右，从而对你的言行产生认识上的误差。

那么，如果你的上司误解了你，你如何做才能既澄清自己，又同时不伤及上司的"面子"呢？

这就要主动地去化解误会，不能让它成为上司的定形之见，更不能消极地回避和等待。

1. 先从自身找原因

心理素质要过硬，态度要诚恳，若责任在自己一方，就应勇于找上司承认错误，道歉并求得谅解。如果重要责任在上司一方，只要不是原则性问题，就应灵活处理，因为目的在于说清楚，达到融洽。下属可以主动灵活一些，给上司一个"台阶"下。站在他人的角度上想问题，容易化干戈为玉帛。

2. 主动找上司说话

不少人在与对方吵架之后，双方见面之后谁也不先开口，实际上双方内心都在期待对方先开口讲话。所以，作为下级，与上司有隔阂时，更应及时主动地开腔问好，热情地打招呼，以消除冲突所造成的阴影，这样会给上司或他人留下一种不计前嫌、大度处事的印象。人不要有侥幸心理，见面憋着一股犟劲不理睬，昂首而过，长期下去，会旧疙瘩未解又结新疙瘩，矛盾像滚雪球般越滚越大，势必形成更大的隔阂，如此再想和好就晚了。

3. 当作什么事也没有发生

当下属与自己的上司发生冲突之后，作为下属要做到不计较、不争论、不扩散，而应把此事搁起来，埋藏在心底不当回事，在工作中一如既往，该汇报仍汇报，该请示仍请示，就像没发生过任何事情一样待人接物，这一点非常重要。这样不揭"旧伤疤"，随着岁月流逝，就会逐渐冲淡，忘却以前的不快，冲突所造成的副作用也就会自然而然地消失了。

4. 找人从中调解

找一些在上司面前说话有影响力的"和平使者"，带去自己的歉意，以及做一些调解说服工作，这不失为一种行之有效的策略。尤其是当事人自己碍于情面不能说、不便说的一些话，通过调解者之口一说，效果极明显。调解人从中斡旋，就等于在上下级之间架起了一座交谈的桥梁。但是，调解人一般情况下只能起到穿针引线作用，要重新修好，起决定性作用的还是当事人自己去进一步解决。

5. 在电话中解释

打电话解释可以避免双方面对面的交谈可能带来的尴尬和别扭，这正是打电话的优势所在。打电话时要注意语言应亲切自然，不管是由于自己的鲁莽造成的碰撞，还是由于上司心情不好引发的冲突，都可利用这个现代化的工具去解释。也可以换个形式利用书信的方式去谈心，把话说开，求得理解，形成共识。这就为恢复关系初步打造了一个良好的开端，为下一步的和好面谈铺平了道路。这里需要说明的是此法要因人而用，不可滥用。

6. 相机和好

要选择好时机，掌握住火候，积极化解矛盾。譬如，当上司遇到喜事受到表彰或提拔时，作为下级就应及时去祝贺道喜，这不仅是一种礼貌，也是融洽双方关系的好时机，更是对他人成绩的认可和尊重。

7. 宽宏大量

一般来讲，在许多情况下，遇事能不能忍，反映了一个人的胸怀与见识。但是，如果一味地回避矛盾，采取妥协忍让、委曲求全的做法，就是一种比较消极和压抑自己的行为了，而且在公众面前自身的人格和形象也将受到不同程度的损害。正确的做法是做到"宰相肚里能撑船"，不要小肚鸡肠、斤斤计较，适度地采取忍让的态度，既可避免正面冲突，同时也保全了双方各自的"面子"和做人的尊严。

总之，工作中被上司误解是常有的事情，我们要调整好心态，找到合适的方法与上司交谈，让上司明白我们的工作态度和良苦用心。只有诚心交流，才能消除误解。

巧言提醒妙说服

人无完人，是人就会出错。上司也是人，也会产生偏见或做出错误的决定，作为有责任心的下级，对上司的提醒和说服就显得十分必要。但是在职场中，上下级之间由于彼此地位、职务的差异及隶属关系的制约，下属说服上司必然不同于说服下级或同事。下属只有把握上下级关系的特殊性，采取恰当的方式和技巧，提醒和说服才能收到预期的效果。

有这样一个故事：

韩昭侯平时说话不大注意，往往在无意间将一些重大的机密泄露出去，使得大臣们周密的计划不能实施。大家对此很伤脑筋，却又不好直言相告。

一个叫堂谿公的人，自告奋勇到韩昭侯那里去，对韩昭侯说："假如这里有一只玉做的酒器，价值千金，它的中间是空的，没有底，它能盛水吗？"韩昭侯说："不能盛水。"堂谿公又说："有一只瓦罐子，很不值钱，但它不漏，你看，它能盛酒吗？"韩昭侯说："可以。"

于是，堂谿公因势利导，接着说："这就是了。一个瓦罐子，虽然值不了几文钱，非常卑贱，但因为它不漏，却可以用来装酒；而一个玉做的酒器，尽管它十分贵重，但由于它空而无底，因此连水都不能装，更不用说将可口的饮料倒进里面去了。人也是一样，作为一个地位至尊、举止至重的国君，如果经常泄露臣下商讨的有关国家的机密的话，那么他就好像一件没有底的玉器，即使是再有才干的人，如果他的机密总是被泄露出去，那他的计划就无法实施，因此就不能施展他的才干和谋略了。"

一番话说得韩昭侯恍然大悟，他连连点头说道："你的话真对，你的话真对。"

从此以后，凡是要采取重要措施，大臣们一起密谋策划的计划、方案，韩昭侯都小心对待，慎之又慎。

故事中的堂豁公是一个善于说话的人，他能从日常生活中的小事引出治国安邦的大道理，委婉地批评当权者，而不是直接指出来，这样上司才更容易接受。

每个人都喜欢听赞美的话，大多数人不喜欢被批评尤其是被当众批评，更何况你的上司呢？那么，如果你的上司真的有错，如何才能让他既接受你的批评，又能保全你自己呢？这需要一些技巧。

1. 谈古鉴今

1939 年 10 月 11 日，美国经济学家、罗斯福总统的私人顾问萨克斯受爱因斯坦等科学家的委托，说服罗斯福总统重视原子能的研究，抢在德国纳粹之前研发制造原子弹。

萨克斯一直等了两个多月，才得到了这一次面见罗斯福总统的机会，自然十分珍惜。他先向罗斯福总统面呈爱因斯坦的长信，接着谈了科学家们关于核裂变发现的备忘录，一心想说服罗斯福总统。可是罗斯福总统听不懂那些深奥艰涩的科学论述，反应十分冷淡。直到萨克斯说得口干舌燥，罗斯福总统才说："这些都很有趣，不过政府若在现阶段干预此事，看着还为时过早。"

萨克斯心灰意懒地向总统辞别。这时，罗斯福总统为了表示歉意，邀请他第二天来共进早餐。这无疑又给了萨克斯一次机会。萨克斯心事重重，深知问题的严重性和紧迫性。为此，他整夜在公园里踯躅，苦苦思索着说服罗斯福总统的办法。

第二天早上7点钟，萨克斯与罗斯福总统在餐桌前共进早餐。他还未开口，罗斯福总统就说："今天不许再谈爱因斯坦的信，一句也不许谈，明白吗？"

"我想讲一点历史。"萨克斯看了罗斯福总统一眼，见罗斯福总统正含笑望着自己，他说："英法战争时期，在欧洲大陆上不可一世的拿破仑，在海上却屡战屡败。这时，一位年轻的美国发明家富尔顿来到了这位法国皇帝面前，建议把法国战舰的桅杆砍断，撤去风帆，装上蒸汽机，把木板换成钢板。可是拿破仑却想，船没有帆就不能走，木板换成钢板就会沉没。于是，他把富尔顿轰了出去。历史学家们在评论这段历史时认为，如果当时拿破仑采纳了富尔顿的建议，19世纪的历史就得重写。"萨克斯说完后，目光深沉地注视着罗斯福总统。

罗斯福总统沉思了几分钟，然后取出一瓶拿破仑时代的法国白兰地，往酒杯里斟满了酒，把酒杯递给萨克斯，说道："你胜利了！"

萨克斯热泪盈眶。他说："总统这句话，揭开了美国制造原子弹历史新的一页。"

本来罗斯福总统是坚决不考虑研制原子弹的问题的，可由于萨克斯采取了谈古鉴今的沟通方式，罗斯福最终改变了看法，同意了萨克斯的意见。

2. 先肯定，后否定

在某公司的一次例行会议上，小刘对经理关于质量问题的处理不是很满意。在经理征求大家意见的时候，小刘说："经理说得对，在产品质量方面，我们的确应当给予充分的重视，这是解决问题的前提之一。我认为，除此之外，我们还应当加强全体员工的质量意识。现在我观察到公司员工的质量意识并不强，工作中有疏忽大意的倾向，这股风气必须刹住，否则质量问题是很难得到彻底解决的。"

"我想，如果我们对各级员工都进行质量意识培训，员工看到公司上层如此重视，自然也就重视起来了。如果真能这么做的话，解决这个问题是不费吹灰之力的，公司也能以更快的速度发展。"

听了这番话，经理不断点头，采纳了小刘的意见，并对他的这种敢于提意见的行为给予了肯定。

3. 兼并策略

李先生是一家网络公司的总经理助理。他的顶头上司王总是搞学术、技术出身，由于工作重点长期放在学术研究上，因此对企业管理是个门外汉，出于对技术的热情与他所处的职位，王总对于技术部门的事总是亲力亲为，把管理层体系搞得一团糟。其他部门虽然当面不敢说，私下里却议论纷纷。因此，李先生与其他部门的交谈协调极为不顺。

经过一番思考，李先生决定采取行动，向顶头上司王总提出自己的建议。他对王总说，真正意义上的领导权威包含着技术权威和管理权威两大部分，王总的技术权威在公司里是有目共睹的，而管理权威则相对薄弱，有待加强。王总连连点头，陷入了深深的沉思中。

上例中的李先生巧妙地运用兼并策略，从而使王总改变了立场，获得了成功。后来，王总果然将更多精力投入到人事、营销、财务的管理上，企业的不稳定因素得到了有效的控制，公司运营进入了一种良性循环，李先生的管理权威也得到了巩固。

所以，在工作中，对于比较谨慎的领导，最好是让他同时看到好的一面和坏的一面，采用兼并策略，两面说服，这种方式比较有效。

赞美的交往艺术

　　人大多好听赞美之词，身为上司者虽然口头上会表示出厌恶员工奉承的样子，但他们同时也承认，来自员工的溢美之词偶尔也会让他们自己很开心。

　　"奉承"与"赞美"有本质区别。工作中，上司与下属的关系不是以情感为基础的，而是建立在工作与利益基础之上的，这就使得下属对上司的称赞不同于对其他人的称赞。上司与每个下属的距离也不可能完全是等距离的。这就需要在赞美上司时把握好称赞的技巧。

　　春节将至，某公司经理决定发给每个职工 500 元过节奖金。员工陈小姐高兴地跳起来，对经理说："太好了，你想得真周到，我正好手头上缺钱用，这下子可派上用场了！"经理听后不但没有高兴起来，反而觉得陈小姐是个自私、狭隘的人。

　　而另一位员工张小姐却是这样称赞经理的："经理，大家都在暗地里对你竖大拇指，说您真会关心、体谅人，跟着您干算是找到准头了！"经理听后，喜笑颜开，心里大感妥帖。

　　同样是称赞的话，却产生了不同的效果。可见，赞美上司要注意方式、方法，否则不仅不会达到赞美的效果，有时还会被上司认为有"拍马屁"之嫌。

赞美是一门微妙的艺术，下属赞美上司时，有以下讲究：

1. 要不卑不亢

有人认为为了升官发财、光宗耀祖，就需要借助别人尤其是上司的力量，而奉承是最容易赢得上司青睐的方法，因此不择手段，以丧失人格和尊严为代价换取一时的利益，这实在不可取，也是与上司相处的一个忌讳。

不卑不亢是称赞上司的原则，也关系到一个人的人格和尊严。

2. 要恰到好处

恰到好处的赞美被誉为"具有魔术般的力量""创造奇迹的良方"，称赞他人要发自内心，而不是恭维、阿谀奉承。

赞扬与欣赏上司身上具有的特点，意味着你肯定这个特点。只要是优点，是长处，对集体有利，你都可毫不顾忌地表示你的赞美之情。上司也是人，也需要从别人的评价中，了解自己的成就及在别人心目中的地位。当受到称赞时，他的自尊心会得到满足，并对称赞者产生好感。

3. 要有针对性

要选择上司最喜欢或最欣赏的事和人加以赞美。卡耐基说："打动人心的最佳方式是谈论他最珍视的事物，当你这么做时，你不但会受到欢迎而且会使生命得到扩展。"切忌对无中生有的事加以赞美，你若这样做，会使人们感觉你是在"溜须拍马"而对你心生厌恶。

另外，不要在赞美上司时同时赞美他人，除非这个人是上级最喜欢的人。但即使这样，你在赞美他人时也应掌握一个尺度。

4. 要实话实说

"溜须拍马"的一个特点就是说谎话、说大话、脱离事实。赞美必须是由衷的，虚情假意的恭维不但收不到好的效果，甚至会引起对方的鄙夷及厌恶。

人们大都知道自己的优缺点所在，因此，如果有人胡乱奉承，他们也不会胡乱接受。即使表面上接受了，实际上他们也能够分辨出谁是在胡言乱语，谁是发自内心地赞美。

5. 以公众的语气赞美上司

上司固然想知道自己在个别下属心目中的形象，但他更关注的是自己在大家或公众心目中的声誉。一个人的赞扬只能代表称赞者本身对上司的看法，而上司都明白一个道理——一个人说好不算好，所以高明的称赞要加上公众的语气，以公众的语气来称赞上司，并把自己的赞美融入其中。

以公众的语气称赞上司，代表的是同事集体的一致的看法，不仅可以避免同事的妒忌和非议，而且把同事的好的看法传达给上司，可赢得同事的尊重。在上司看来，这样的赞美不含个人动机，代表大家的意见，不是"溜须拍马"，容易自然而然地接受。

要注意的是，以公众的语气称赞上司必须符合实际，真正代表大家的共同看法。如果大家实际上对上司的某一做法不满意，而谎称"大家一致认为您的做法很好"，不仅是对上司的欺骗，也是对群众意志的"篡改"，终有一天会"露馅"。

听懂弦外之音

俗话说："知己知彼，百战不殆。"在工作中，上司就是我们的指挥官，同时也是关系到我们职场命运的人。很多人不能完全领悟上司的意图，做了很多无用功，结果仍是不被上司重用。因此，我们要学会从言行举止和处事中观察上司，了解上司的思维方式与个性喜恶，掌握上司真正的意图，以便更好地与之沟通、合作。

李岩是某网络公司的一名编程员，平时不怎么爱说话。一天，公司部门主管拿来一份李岩的程序方案，对他说："中间有几个地方编制得不好，你再重新编一下。"李岩接过来说："是。"然后开始埋头苦干。

在短短半个月里，李岩总共接到五次修改或重做的指令。事实上，这五次之中涉及的编程似乎没有什么修改或重做的必要。但李岩在接到要求修改的指令时，没有表达出任何异议，只是低头重复说着"是"。李岩觉得很烦恼："程序明明没有什么修改的必要，为什么主管要不厌其烦地修改呢？"

后来，同事告诉李岩，那是因为部门主管第一次来的时候看他只会低头说"是"，便决定和他开个善意的玩笑，目的是提醒他。

由此可见，了解上司是每一位下属必修的一门功课，只有精通了这门功课，我们才能在与上司的交往中更为灵活，也才能得到更多的重视。

领悟上司的意图，是顺利开展工作的前提。当上司喜欢委婉表达意见时，一定要注意听话外音，还要注意观察上司的表情和神态，这些都可能会有某种暗含。当然，这种领会绝不能是胡乱猜测，否则，误解了上司的意图同样会让自己很被动。这就要求聆听者能将上司没说透的指令彻底地领会。

充分领会上司意图是下属的一项基本技能。当上司向你委以任务，要先清楚了解上司的真意，然后衡量怎么去做，千万不能因为误会而给自己带来麻烦。只有多一点心思，仔细去领会其中的意图，才有可能同上司达成默契。

某公司老板打算在年终工作会议上做总结发言，他让助理高颖就全年的工作写份工作总结报告，并且嘱咐说"越详细越好"。高颖调查情况就花了几个星期的时间，把一年的工作事无巨细都写了出来。老板看了她所写的几万字的报告材料，摇头表示不满。

原来老板的意思是，希望总结得详细一些。可是高颖不理解"详细"是指产品质量及生产方面，而在事务上"详细"写，连老板组织了几次会议出了几趟差，公司搞了几次请客吃饭都写得清清楚楚。老板面对这份报告，无可奈何，最后只好自己动手重新写了一遍。

高颖对于老板的意图，实际上并没有心领神会，而只限于机械简单地理解执行。可见，对上司意图的心领神会至关重要。

为了领会上司的意图，当你接到上司的指示或吩咐的时候不

跟谁都能交朋友

妨问得再清楚些，不要有太多的顾忌心理，如果模棱两可地去执行，那样以后麻烦的还是自己。也不要上司说了什么，就想当然地认为自己完全理解了。首先得明白这项工作在整体工作当中处于什么样的地位，也要明白上司有什么样的需求、正处于什么样的心理状态，同时应该根据上司一贯的思想意图和工作作风来加以完整地理解。

某公司老板针对现有职位，认为只要有优秀的人才，就可以将原有岗位的人替换掉，以促进公司的快速发展。但是，公司人力资源部经理没有正确理解老板的意思，在诸多媒体上发布了除老板、人力资源部经理之外的所有重要岗位的招聘启事。

结果，这不仅引起了公司管理层的动荡，而且引起了许多外界猜测：××公司怎么了？××公司出现振荡了吗？为什么这么混乱？更严重的是，公司客户知道该公司这样没有战略规划地大规模招人，以为公司出现危机，管理层集体跳槽了，进一步怀疑与这个公司的合作是否应该继续下去……

幸好，公司老板及时发现了这个问题，迅速予以纠正。可以说，这种招聘信息发布的时间越长，传播的范围越广，对企业的伤害就越大。因为一个健康发展的公司不可能出现上述现象，而且一个合格的人力资源部经理也绝对不会做出这种有损企业利益与形象的事情。

上司的意图有时不会直截了当地表达出来，需要下属仔细揣摩。所以下属在平时应该深入观察，仔细揣摩，熟谙上司的习性，这样才能正确地理解上司的意图。否则，在具体执行过程中，就会发生很大偏差，甚至与上司的想法完全背道而驰。

正确地领悟和理解上司的意图是一种能力。对于下属而言，具备了这种能力，往往能够更好地协助上司工作，使彼此间达成一种默契，更好地合作，提高效率。对个人来说，这是大有益处的，它可以让我们把工作做得更好，从而表现出自己的能力，体现出自己的价值，以获得更广阔的发展空间，取得更大的成就。

1. 看懂上司的"眼色"

俗话说："眼睛是心灵的窗户。"领会上司眼神中所传达出的意图，对一个下属来说尤为重要。每个上司都喜欢"机灵、悟性好、一点就通"的下属，有重要的工作也会交给他们去做，这样的下属很容易获得重用的机会。如果上司总抱怨你"不灵通，一个会意的眼神、一个简单的眼色都看不明白"，那你还会得到上司的重用吗？

上司说话时，不看着你，这是个不太妙的迹象，这往往表示他对你不重视，说明他不想评价你，你此时最好的选择就是找借口离开上司的视线。

上司友好、坦率地看着你，甚至偶尔眨眨眼睛，表明他看重你，对你评价比较高或他想鼓励你。

如果你的上司只是偶尔看你几眼，并且当他的目光与你相遇后即马上躲避，这种情形连续发生几次，表明你的上司很可能对你的工作表现或者工作能力缺乏自信心。

上司从上到下看了你一眼，则表明他开始对你注意；上司久久不眨眼地盯着你看，表明他想知道更多情况；上司用锐利的眼光目不转睛地盯着你，则表明他在显示自己的权力和优势。

上司每一个眼神所发出来的各种"眼色"，都传达着上司内心情绪的变化。

2. 从上司的手势看其性格

上司无意识的一个举动，往往包含着非常重要的信息。聪明的下属能从上司的肢体语言中洞察先机，了解上司的意图。

一般常见的手势包括上举、下压和平移三大类；各类又分为双手、单手两种；每种又分为拳式、常式、屈肘翻腕式等。如果上司的手向上、向前、向内，则往往是希望、成功、肯定等积极的意思；如果上司的手向下、向后、向外则通常表示批评、蔑视、否定等消极的意思。

如果你在日常工作中发现你的上司有空中劈掌的动作，则表示他此时的决定是十分果决的，轻易不会改变自己的想法；手掌微摇，通常表示上司的一种"蔑视"或一种"无所谓"；双手向前摊开，则表示上司当时的一种"无可奈何"。

有些上司总是喜欢把手插在口袋之中。这种手势的意思常常让人摸不着头脑，让下属感觉深不可测，这是上司掩饰自我内心想法的一种常见动作，他们不想让下属掌握自己的个性和缺点。从另一个角度来看，把手插入口袋也意味着上司并没有认真听下属的工作汇报，而是在专心想自己的事情。

双手合拢，从上往下压，表明上司想使内心平静下来；双手叉腰，双肘向外，象征着命令，同时也意味着在与人接触中，他是支配者；当上司舒适地向后靠，双手交叉在脑后，双肘向外，是自负的表现；当上司伸出食指，则表明他是支配者，有进攻性；当上司的双手平静地放在背后时，则表明他具有优越性；当上司拍拍你的肩后部，表明他真诚地赞许你；如果上司拍拍你的肩前部，或从上往下拍，则表明上司倨傲而又显示宽容，这些动作表明他是支配者；两个食指并在一起，放在嘴边，其余手指交叉在一起，与两个食指形成了一个锥体，这表明在你讲话前，上司已做好了拒绝的准备；握紧拳头意味着不仅想威胁对方，还表示已下定决心。

喜欢把手交叉放在胸前的上司，表示他自负自大，常常自视甚高，目空一切。有些上司的双手常会很自然地下垂，或者轻轻握住，则表示他个性温和，对下属的事或者工作上的困难都会比较热心帮忙。

总之，作为一个合格的下属，应该从多个方面入手，领会上司的意图，听懂上司的弦外之音。

学会接受批评

我们自从来到世上便会犯错误，也会接受来自各方的批评。在职场中，下属出现了差错而被上级领导批评是很正常的事情。有句话叫"良药苦口利于病，忠言逆耳利于行"。但很多人很难以积极的态度对待批评。教训、指责等批评式语言，会使人感到伤了自尊而处于自我防卫状态，并且往往会激起被批评者极大的反感，促使被批评者竭力为自己辩解。可以说，闻过则喜者少，这是人的一种普遍的心理现象。

英国学者利斯特曾说过："我能想象到的人的最高尚行为，除了传播真理外，就是公开放弃错误。"是的，有了错误并不可怕，挨批评也不可怕，关键在于你怎样去认识它们、对待它们。其实，批评就是一面镜子，照出言行的是与非、灵魂的美与丑。所以，从错误中吸取教训，从批评中汲取营养，人会逐步走向成熟，走向成功。

阿芳在公司工作一向负责认真，一直深得上司的喜欢；可有一次，她由于生病了，在做一份报表时，数据出现了错误，而这份报表又相当重要。上司批评了她，说她怎么在关键时刻犯这样的错误，阿芳对此耿耿于怀，觉得很委屈。

其实，作为下属，因为犯错而遭到上司的呵斥或批评时，首先要从心态上端正态度，不要觉得丢脸，更不能因此怀恨在心，而应坦然承认自己的不足，把上司的批评视为对自己的培养与教育、鞭策与爱护。

如果挨批之后，不断地找借口辩解，上司对你的印象就会大打折扣。相反，如果你能够耐心地听上司把话说完，再心平气和地针对上司的批评提出自己的想法，那就有利于双方进一步的沟通。

当你因工作失误受到上司批评时，需要表现出诚恳的态度，先接受批评，然后再与之沟通。如果有委屈或者事出有因，也要及时向上司提出来，这样才能让上司及时了解真相，也有助于自己查找出现失误的原因，避免发生类似错误。

作为下属，在面对上司批评时，要注意以下几个方面：

1. 不要急于争辩

上司批评你时，不要急于争辩，静静地听他把话说完，尤其要注意自己的动作、表情，不要让他感觉你不愿意继续听下去。正确的做法应该是直视上司的目光，身体稍微前倾，表明你在认真地听取他的批评，等他把话说完后再进行解释，或提出反对意见。

2. 口头向上司认错

即使上司对你的批评没有道理，你也要在口头上肯定。如果上司确实有诚意的话，你的态度会让他感到欣慰，他的态度也会渐渐缓和下来。如果上司是另有动机的话，你表现出来的礼貌和涵养会让他感动，他的话会说得委婉一些。

3. 让上司把批评你的理由说清楚

当上司批评你的时候，你应积极地促使上司说出他的理由，这种方法有利于你了解真相，从而找到解决问题的方法。有些上司在提出批评时，不能做到就事论事，而是用一些含糊其词的言语，这时要让他把要说的话彻底说完，这样他在说话过程中自然而然会流露出他真实的想法，你也因此能捕捉到事情的缘由。

4. 不要当面顶撞上司

上司不会无缘无故地批评下属，对待批评，要有正确的态度。即使是错误的批评，处理得好，坏事也会变成好事；如果受批评时你横加顶撞，虽然一时痛快，但你和上司的关系往往会恶化。他会认为你"批评不得"，因此也就得出了另一种结论——"这人重用不得"。

当面顶撞上司不仅令上司很失"面子"，你自己也可能"下不了台"。如果你能在上司发火的时候给他个"面子"，大度一点，事后上司会感到不好意思，即使不向你当面道歉，以后也可能会以其他方式给你补偿。

5. 受到批评不要过多解释

对于上司的批评，要学会忍耐，不要百般申辩。如果反复纠缠，寸理不让，上司会认为你气量狭窄、斤斤计较，又怎会委你以重任呢？

6. 不要将批评看得太重

上司批评你时，他最希望你诚恳虚心地接受批评。最恼火的是下属把上司批评的话当成了"耳旁风"，依然我行我素。

其实，上司不会随便出言批评你，所以你应诚恳地接受批评，并从批评中悟出道理来。

为上司"补台"

任何人都有可能犯错误，上司也不是万能的，上司也有自己的"盲区"。上司说错了话，作为下属，应该马上"补台"。

所谓"补台"，就是当上司的命令出现疏漏或失误时，下属应该在维护上司威信的基础上，在执行上司命令的过程中积极、主动地通过各种渠道扭转局面，使事态向好的方面发展。这也充分展现出下属的交谈能力。

有一家公司新招了一批员工，在老板与大家的见面会上，老板逐一点名。

"刘烨（华）。"

全场一片静寂，没有人应答。

一个员工站起来，怯生生地说："老板，我叫刘烨（叶），不叫刘烨（华）。"

人群中发出一阵低低的笑声。

老板的脸色有些不自然。

"报告老板，我是打字员，不好意思，是我把字打错了。"一个精干的小伙子站起来说道。

跟谁都能交朋友

"太马虎了，下次注意。"老板挥挥手，接着念了下去。

没多久，这个打字员被提升为公关部经理。

金无足赤，人无完人。上司也是如此。工作千头万绪，用人管人千难万难，疏忽和纰漏在所难免。这时候，你就应该主动出面，在关键时刻为上司"补台"，这样，你更容易赢得上司的赞赏。

很多人爱"面子"、怕尴尬，尤其在遇事时怕"下不了台"。当上司处于尴尬之境时，下属多用心一点，多做几次主动"补台"的事，就会发现：上司会牢记下属"补台"之情，提拔、重用的机会就会出现。

有一次，公司里召集各部门的负责人开会，准备安排下一阶段的工作任务。在会议开始的汇报工作中，有一位主管工作责任心不强，有几项交办的工作没做好，还惹出了乱子，结果引得经理很情绪化，发了很大的脾气，使得会议气氛十分紧张。秘书小张目睹此景，便建议休会，先休息10分钟。

在休息的间歇，秘书小张递了一个纸条给经理，上面写着："经理，会前您曾说过，这个会议的主要议题是布置工作、动员干部，刚才的会议气氛有点儿紧张，不利于这次会议的顺利进行。有些问题似应专门开会或会后再解决更好。"

当复会后，小张发现经理已恢复了正常，并把会议引导到了正常的议程上。后来，会议比较圆满地结束了。

会后，经理私下向秘书小张表示了感谢。从此，小张也越来越受经理的赏识。

一般来说，时刻和上司保持一致并帮助上司解决难题的下属，往往会成为企业的中坚力量，也会成为令人艳羡的成功人士。所以，在工作中，下属要当好上司的助手，不但要紧紧围绕上司的工作重点、难点和疑点，以及事业发展的目标、任务、方向竭尽全力地开展工作，多为上司出谋划策、出力打拼；还要端正自己的心态，摆正自己的位子，当好配角，做好助手，多做拾遗补阙的工作。

第七章

与下属交往的艺术

主动交谈，亲近下属

在实际工作中，许多领导者喜欢高高在上，凡事喜欢下命令、挑毛病，缺乏主动与下属交谈的意识。长此以往，由于得不到应有的交流，缺乏鼓励与肯定，员工就会逐渐丧失工作的动力与开拓进取的锐气。要想改善这一局面，领导者就要树立主动交谈的意识。

在企业中，领导者的决定作用比一般员工要大得多，企业领导者的交谈意识，直接关系到企业内部交谈的有效开展。因为领导者要做出决策就必须从下属那里得到相关的信息，而信息只能通过与下属之间的交谈才能获得；同时，决策要得到实施，也需要与员工进行很好的沟通。再好的想法，再有创意的建议，再完善的计划，离开了与员工的沟通，都是无法实现的空中楼阁。

交谈的目的在于传递信息。如果信息没有被传递到所在单位的每一位员工，或者员工没有正确地理解领导者的意图，交谈就会出现障碍。所以，优秀的领导者必须具有主动交谈的意识，通过有效的交谈统一思想、统一目标、化解矛盾、消除误解，通过交谈的方式解决存在的问题，或通过交谈的方式消除隐患。

跟谁都能交朋友

　　主动与员工进行有效的交谈，要求领导者主动创造与员工交流的机会，而不能只是被动地等待。比如，一起吃饭是一个好主意，在饭桌上交流可以轻松、无拘无束。当然，吃饭形式也可以多样化，和团队吃、和个人吃；工作餐、正式的晚餐；公司内吃、公司外吃，都可以根据情况的不同进行选择。有的公司每隔一段时间就举行一次全体人员的早餐会，在公司中以自助的形式举行，几个人围在一起，没有级别的束缚，显得其乐融融。相比较来讲，工作午餐是简便的，晚餐则要正式一些。联想的领军人物杨元庆的工作午餐就很有特色，他经常与员工共进午餐，拉近彼此的距离。当然，除了吃饭以外，还有许多其他的活动，可根据公司的不同情况，找到切实可行的交流方式。

　　著名职业经理人唐骏曾是微软中国的总裁，他在日常工作中是通过以下三种方式主动和员工保持顺畅交流的：

　　第一，建立"一对一"制度。唐骏每月都要和一名员工面对面交谈，而且要求一线经理也必须每周安排一个小时；另外，每三个月再安排两个小时进行"一对一"交流，随时了解员工工作和生活上存在的问题。

　　第二，鼓励员工随时找 CEO。唐骏说："只要在办公室，我的房门就是开着的。"但这个随时"上访"也是有条件的，就是你反映的问题已找过了所在部门的直线经理，该直线经理不能或没有给予解决。

　　第三，把与员工的交流作为一种制度。微软中国每周都有一场圆桌会议，员工自己报名参加，每周讨论的议题都不同。"我的时间毕竟是有限的，很难和微软的每个员工进行单独对话，圆桌会议解决了这个问题。"

凭借着与员工的主动交谈，唐骏领导下的微软中国在销售方面，成了微软全球唯一一个连续 6 个月（2002 年 7 月到 2003 年 1 月）创造历史最高销售纪录的公司。

对领导者来说，与员工进行主动交谈至关重要。一个企业或部门的领导应有主动交谈的态度，给予下属由衷表达意见的机会，以促使上下意见达成一致，从而培养上下的整体利益观念。那么，领导者如何才能与员工进行主动的交谈呢？

1. 让员工对交谈行为及时做出反馈

交谈的最大障碍在于员工误解，或者对领导者的意图理解得不准确。为了减少这种问题的发生，领导者可以让员工对领导者的意图做出反馈。比如，你向员工布置了一项任务之后，你可以接着询问员工：你明白了我的意思了吗？同时要求员工把任务复述一遍。如果复述的内容与领导者的意图一致，说明交谈是有效的；如果员工对领导者的意图的领会出现了偏差，也可以及时进行纠正。或者，你可以观察员工的眼睛和其他体态举动，了解他们是否正在接收你的信息。

2. 激发员工讲实话的愿望

交谈是领导和员工的互动行为，因此交流的内容应反映真实情况。员工若无交谈的愿望，谈话难免陷入僵局。因此，领导应具有细腻的情感、分寸感，注意说话的态度、方式以至语音、语调，旨在激发员工讲话的愿望，使交谈在感情交流的过程中完成信息交流的任务。同时，领导者一定要克服专制、蛮横的封建家长式作风，代之以坦率、诚恳、求实的态度。

3. 减少交谈的层级

人与人之间最常用的沟通方式是交谈。交谈的优点是快速传递和快速反馈。在这种方式下，信息可以在最短的时间内被传递，并得到对方的回复。但是，当信息经过多人传送时，口头交谈的缺点就显示出来了。在此过程中卷入的人越多，信息失真的可能性就越大。每个人都以自己的方式理解信息，当信息到达终点时，其内容常常与开始的时候大相径庭。因此，领导者在与员工进行交谈的时候，应当尽量减少交谈的层级。越是高层的领导者越要注意与员工多进行直接交谈。

4. 积极倾听员工的发言

交谈是双向的行为。要使交谈有效，双方都应当积极投入交流。当一方发表自己的见解时，另一方应当认真地倾听。在企业中，很多时候我们是被动地听，而没有主动地对信息进行搜寻和理解。积极的倾听要求领导者把自己置于员工的角色上，以便正确理解他们的意图。同时，倾听的时候应当客观地听取员工的发言而不做出判断。当领导者听到与自己不同的观点时，不要急于表达自己的意见，因为这样会使你漏掉很多的信息。积极的倾听，应当是接受他人所言，而把自己的意见推迟到说话人说完之后再表达。

读懂下属心理，交谈有方

　　人的心理很微妙，企业中每个员工都有自己的思想，都带着一定的情绪，因此工作效率各异，所以，及时交谈成为每一位优秀管理者重要的必修课。

　　领导者需针对各色各样、有着不同性格的员工，学会采取不同的交谈方式。

　　1. 对待高傲型员工

　　对于清高自傲、目中无人的员工，可以冷静地和他交谈，就事论事地批评，不要搬其他员工的"状词"来刺激他，以免产生激烈的争执，让交谈无果而终。当然，这种员工"悔改"的进度会很慢，"先礼后兵"的做法比较值得赞赏。

　　2. 对待喜欢唠叨的员工

　　有些员工，无论大事小事都喜欢向领导请示、汇报，唠唠叨叨，说话抓不住重点。这种员工往往心态不稳定，遇事易慌，大事小事统统请示。向这样的员工交代工作任务时要说得一清二楚，然后叫他自己去处理，给他相应的权力，同时给他施加一定的压力，试着改变他的依赖心理。在他唠叨时，轻易不要表态，这样会让他感觉他的唠叨既得不到支持也得不到反对，久而久之，他也就不会再唠叨了。

3. 对待喜欢奉承的员工

在公司里，常可见到奉承者，他们经常称赞领导，且附和领导所说的每一句话。

对待这种下属，在与他们交谈时，无须过于严肃地拒绝他们的奉承，也不要任由他们随意夸张。当他们向你卖弄奉承的本领时，你可以淡淡地回应"别夸张了"。倘若他们再三附和你的计划，你可以说"你最好给自己留一点时间，考虑新的计划和建议，下次开会每个人都要谈自己的意见"。如此一来，他们便不敢也不好意思再做"应声虫"了。

4. 对待自尊心强的员工

有的员工自尊心特别强、敏感、多虑，特别在乎别人对他的评价，尤其是领导的评价。有时候哪怕是领导的一句玩笑，都会让他觉得领导对他不满意了，因而会变得焦虑、忧心忡忡、情绪低落。

遇到这样的员工，要多给予理解，尊重其敏感的自尊心，讲话要谨慎一点，不要当众指责、批评他。同时要注意不要当着他的面说别的员工的坏话，这样他会怀疑你是不是也在背后挑他的毛病。要对他的才干和长处表示欣赏，逐渐弱化他的防御心理。

5. 对待有怀才不遇心态的员工

这类员工常为自己的才华不受到重视而终日叹息，缺乏工作热情和积极性。领导者要经常认可他们的工作，不管他们是做得如何，都应进行鼓励和评价，激发他们的自信，让他们对工作充满信心，这样一来，员工对待工作的热情就会高涨，对公司的业绩提升有很大的好处。

6. 对待以自我为中心的员工

有的员工总是以自我为中心，不顾全大局，经常会向领导提出一些不合理的要求，什么事情都先为自己考虑。

对待这样的员工，领导要尽量把事情办得公平，把每个计划中每个人的责任与利益向大家说清楚，让员工知道自己该做什么，做了这些能得到什么，这样员工就不会再提出其他要求了。同时，要满足其需求中的合理成分，让员工知道，他应该得到的都已经给了他；而对不合理要求，要讲清不能满足的原因，同时对员工晓之以理，暗示他不要贪小利而失大义。

总而言之，作为一个领导者，你不仅仅是一个领导者，还应是一个心理学家，要能够洞察员工的行为，了解员工的心理，一旦员工出现问题，就可以采取相应的交谈方法"对症下药"。

妥善处理下属的抱怨

人不管拥有多少，要求都几乎永远得不到满足，得不到满足就有不满，就要抱怨。公司中的员工很少有不抱怨的。每个人的利益不同，看问题的角度不同，有些事情考虑不周、处理不当，引发牢骚和抱怨也就在所难免。

抱怨是一种最常见、破坏性最小的发泄形式。伴随着抱怨，可能还会有降低工作效率等情况出现，有时甚至会产生拒绝执行工作任务、破坏公司财产等过激行为。

福利、工资、工作时间、分配不公、不被理解等，都可能成为抱怨的主题。一位瑞典学者曾做过这样一个调查，他以近200名女性职员为对象，与其进行面对面的谈话，结果发现越是对工资不满的人，越是无法热衷于工作。她们口头上说因为工资低而无法热衷工作，实际上她们讨厌本职工作的情绪完全超过对工资的不满。

可见，员工的抱怨是现象，不是真相。抱怨并不可怕，可怕的是领导者没有体察到这种抱怨，或者对抱怨的反应迟缓，从而使抱怨的情绪蔓延开来，最终导致管理更加混乱与矛盾激化。

作为领导，当你受到员工抱怨时，需要处理得当，遏止事态发展。

1. 要学会什么都听得进去

下属中最普遍的抱怨形式就是唠叨，把自己的一肚子不满倾倒出来，对此，作为领导绝不能装作听不见。相反，你一定要做下属的听众。

要想获得"驾驭"下属的卓越能力，最快捷、最容易的方法之一，就是用同情的心理，竖起耳朵倾听他们的谈话。要成为一个好的听众，你必须学会什么都听得进去，"忘掉自己"，要有耐心，并去关心下属。

2. 不要忽视员工的抱怨

不要以为你对出现的困境不加理睬，它就会自行消失。不要以为你对员工附和几句，他就会忘掉不满，会过得快活。事实并非如此。没有得到解决的不满将在员工心中不断"升温"，直至达到"沸点"。他会向他的朋友和同事发牢骚，他们可能会赞同他。这就是你遇到麻烦的时候——你忽视小问题，结果让它恶化成大问题。

3. 给员工一个反映意见的平台

领导者要给员工一个反映意见的平台。在这个平台上，员工可以畅所欲言。作为领导者，不能只是允许员工去歌颂企业，而不允许员工提出一些批评和建议。每个领导者都希望在批评员工的时候，不管对错员工都先接受；同样，作为领导者，面对员工的抱怨或批评更应该坦然接受，给他们发言权，那是对员工的一种尊重。千万不要一棒子把员工的"抱怨"打死，不给他们发言的机会。

4. 了解抱怨的原因

任何抱怨都有起因，除了从抱怨者口中了解事件的原委以外，领导者还应该听听其他员工的意见。如果是因为同事关系或部门关系产生的抱怨，一定要认真听取当事人的意见，不要偏袒任何一方。在事情没有完全了解清楚之前，领导者不应该发表任何言论，过早表态，只会使事情变得更糟。

5. "一对一"的讨论

发现下属在抱怨时，上司可以找一个单独的环境，与发牢骚的员工"一对一"面谈，让他无所顾忌地"说"，上司所做的就是认真倾听。如果能让员工在你面前充分发表意见，领导的工作就成功了一半，因为领导已经获得了员工的信任。

6. 不要发火

认真倾听员工的抱怨，不发火，不仅表明你尊重员工，而且可能使你发现究竟是什么激怒了他。例如，一位打字员可能抱怨他的打字机不好，而他真正抱怨的是档案员打扰了他，使他经常出错。因此，要认真地听对方说些什么，要听"弦外之音"。人在心绪烦乱时，往往会失去控制，无法清醒地思考，轻率地做出反应。因此，人要保持镇静。如果觉得自己要发火了，就把谈话推迟一会儿再进行。

7. 鼓励员工合情合理地抱怨

员工的抱怨一般都是对管理工作的不满。管理不可能没有一点问题，只有在出现问题时不断改进，才有可能不断进步。企业要发展，管理工作要进步，如果听到的都是正面的东西，没有一点点负面的东西，就会有问题。员工对企业有抱怨，证明员工还是在乎企业的，那就让他们说出来，鼓励他们合情合理地抱怨。

"正确"地下达命令

领导者在对下属进行管理时，最普遍、最常见的管理方式就是下命令。命令是领导者对下属特定行动的要求或禁令。命令的目的是让下属照自己的意图完成特定的行为或工作；命令也是一种交谈，只是命令带有组织阶层上的职权关系。

工作中，领导者每天可能要下很多命令，这些命令是下属工作的方针和目标。实际上，下属工作的好坏，在一定程度上与领导者下命令的方式方法有关。

某位科长因为得不到下属的协助而痛苦，他向前辈诉苦，前辈提醒他："你在命令下属时，是否明确地指出了命令的内容和目的呢？"经前辈的提醒，这位科长才幡然醒悟，原来在这之前，他从未对下属说明命令的目的。

后来再发布命令时，他明确指出："这个资料必须在下周召开的员工大会上提出，所以，你必须在会议举行的前三天完成它。""这则求才启事除了登报纸，还可以刊登在求职杂志上，你要考虑到这一点，并且尽快把它做好。"命令下达得十分清楚明确。

跟谁都能交朋友

在下命令时，领导者有必要向下属全面介绍相关工作的情况，这样有助于下属把握全局，发挥工作的主动性，更加出色地完成任务。但领导者必须抓住问题的要点，向下属讲明：什么是他要做的，要达到什么样的目的。否则，下属会不清楚自己具体负责什么事情，从而影响工作效率。

某位上司对新来的女职员说："这个文件需要让董事长过目，你将它装订得漂亮一点吧。"结果，这位上司看到她拿来的文件大吃一惊，文件上竟然别了一个粉红色的蝴蝶结，封面上还用红笔写着："董事长亲启。"

女职员的做法虽然有些好笑，却给领导者一个重要的启示：给下属的命令一定要明确，不要产生歧义。

正确下达命令，下属就能朝确定的方向与计划执行任务。命令是绝对必要的，那么领导者应如何使用自己的命令权呢？

1. 命令不要乱下

领导者要正确地下达命令，不要经常变更命令；不要下一些过于抽象的命令，让下属无法掌握命令的目标；不要为了证明自己的权威而下命令。

2. 看命令有无必要

领导者在下命令前，尤应注意这个问题。在实际工作中，许多领导者本人并没有弄清某些命令的必要性。比如，一个领导在很忙的时候，突然有一件事情需要处理，他认为这件事情不重要，于是就随手安排给下属去完成。但下属对这件事情的来龙去脉并不清楚，为了完成工作，下属需要不断地向领导询问有关事项。

领导接受下属询问的时间，要比他亲自处理这件事情需要的时间更长。实际上，这条命令就是一条没有必要的命令。

在一项工作未明确之前，就安排下属去进行相关工作，这种工作很可能就是无用的工作，相关的命令也就是无用的命令。另外，有些领导者见不得下属在工作时间没有事情做，于是就安排一些没有意义的工作让员工不停地忙碌，这也是无用的命令。所以，领导者在下命令之前，认真地思考一下命令的必要性是十分重要的。

3. 弄清楚命令中的要点

很多时候，领导者本人并没有弄清楚命令中的要点是什么，他自然也就无法向下属讲清楚其中的要点。向下属下命令之前，领导者先要认真去思考工作的要点，做到心中有数，这样才能把握全局，合理调度。

4. 大声地下达命令

若你的声音太小，有可能被下属误以为你是在说一件并不重要的事，因此，你必须明确地表示：这是上司在向下属下达命令。

5. 态度和善，用词礼貌

作为领导，你在与下属交谈的时候可能会忘记使用一些礼貌用语，如"小张，进来一下"，"小李，把文件送去复印一下"。这样的用语会让下属有一种被呼来唤去的感觉，缺少对他们起码的尊重。因此，为了改善和下属的关系，使他们感觉自己更受尊重，你不妨使用一些礼貌用语，例如："小张，请你进来一下。""小李，麻烦你把文件送去复印一下。"要记住，一位受人尊敬的领导，首先应该是一位懂得尊重别人的领导。

6. 不要超越自己的权限

不要超越自己的权限主要指两个方面的权限：第一，不要对非自己下属的员工下命令。每个员工都有自己的直接领导，你如果不是他的直接领导，就不应该直接给他下命令。如果你确实需要该员工做一些工作，可以去找他的直接领导，通过直接领导来给他下命令。第二，不要对部门职责以外的事情下命令。每个部门都有自己的工作职责，你不应该命令自己的下属去做其他部门职责中的事情。

7. 记下自己的命令

领导者往往工作很忙，如果下属很多，有时会忘记自己下达的命令。为了避免这种情况的发生，领导者应该将自己下达的命令记录下来，写明下达的对象、命令的内容、完成的标准及反馈时间等。管理规范的公司，应该制定一个"管理控制表"之类的表格，让领导者严格记录自己的命令，这种表格领导者和下属各持一份，可作为对领导者及员工进行工作考评的依据。这样做也有助于在工作出现问题时分清各自的责任。

8. 给下属更大的自主权

一旦决定让下属负责某一项工作，就应该尽可能地给他更大的自主权，让他可以根据工作的性质和要求，更好地发挥个人的创造力。例如："这次展示会交由你负责，关于展示主题、地点、时间、预算等请你做出一个详细的策划，下个星期你选一天，我们要听取你的策划。"还比如，很多事应该让下属了解必要的信息，如："财务部门我已经协调好了，他们会提供一些必要的报表。"只有这样，下属才能高效率地完成工作。

接受"进言"有学问

很多领导者有很强的决断力，在一定程度上，果断的决断力有利于迅速有效地解决问题。然而，身为领导者，如果不善于倾听别人的意见，一意孤行，不利于与下属进行交谈，长此以往，管理就会出现漏洞和盲区。

某建筑公司的一位工程部经理向他的一位下属说明了自己对某项工程的观点，这位下属觉得其中有许多不合理的地方，便小心谨慎地提出一些建议性的意见。谁知经理听了却大发雷霆："究竟你是上司，还是我是上司；究竟是你说了算，还是我说了算。"下属哑口无言，只好按经理所说的去做。但是事情的结果大大出乎经理的意料之外，按他所说的设计出来的图样不符合客户的要求，遭到客户的强烈反对。经理只好要求下属返工，下属大为不满，冲突也就在所难免了。

由此可见，一个领导者如果不能很好地听取下属的意见，不能容忍别人提出自己的意见，就会造成决策失误。试想一下，如果这位工程部经理起初认真听取下属的意见，事情也不会闹到这种不可收拾的地步，与下属的矛盾也就不会发生。从另一个角度考虑，作为上司，虚心地倾听下属的意见和建议，下属也会产生一种被重视的感觉，从而更加卖力地工作。同时，也能体现出上司的大将风度，从而提高自己的威信。

有不少领导者不愿听取下属的意见，大致原因是认为下属能力不足，其意见不具备参考价值，这实际上是个误区。下属能力较弱或许是事实，但并非他们的每个意见都不高明，有些意见可能对方案有补充作用，或者可以通过这些意见本身了解下属在执行中会有什么心态及要求。总之，无论从哪个角度讲，都有必要认真倾听不同意见，因为一个人考虑问题不可能十全十美，我们要的是结果，如果大家齐心协力共同完成一个任务，这不是很开心的一件事吗？所以说，明智的领导者都应虚心听取下属的意见和建议。

那么，领导者该如何虚心倾听下属的意见和建议呢？

1. 鼓励下属提出不同意见

作为领导者，要让下属经常有提供反馈意见的机会。要让自己的下属清楚地知道，你不仅允许，而且鼓励他们提出自己的看法和批评意见。下属们经常会不愿意发表与领导者不同的意见，对此，领导者要明确地向下属们说明，自己欢迎不同的意见，而且会认真对待这些意见。如果领导者倾听并考虑了下属们的想法，下属们往往会更加服从指挥，更加拥护决策。如果不鼓励下属思考，下属们就会懒得开动脑筋，而是按照领导者的意志低效率地去执行工作。在工作中，倾听、留意下属的意见是领导者和下属之间交谈的最有效方法，也是获得正确行动方式的有效方法。

2. 听取下属意见时有三点注意事项

第一，不要心不在焉。

上司听取下属意见时的态度，对下属的情绪有着很大的影响。如果上司态度认真，精神专注，下属会感到上司是重视自己的意见的，从而把自己的想法毫无保留地讲出来。如果上司心不在焉，一会儿打个电话，一会儿向别人交代点事，一会儿插进与谈话内容不相干的问题，就会使下属感到上司并不重视自己的意见，不是真心诚意地听自己讲话，往往就把一些准备谈的重要意见留下不讲了。所以，听取下属意见时，只要不是临时仓促确定的，谈话之前一定要把其他事情安排好，避免到时产生干扰。

第二，不要给下属"泼冷水"。

有时，尽管下属的意见不可取，领导者也不能当头"泼冷水"，而应该诚恳地说："你的意见我很了解，但是，有些地方显然还须多加斟酌，所以目前还无法采用。但我还是很感谢你，今后如果有别的意见，希望你多多提出。"或者说："以目前的情形，这恐怕不是适当的时机，请你再考虑一下。"如果领导者的措辞很客气的话，尽管意见不被采纳，下属心里也会觉得舒坦许多，同时也会仔细检讨自己议案中所忽略的事，然后再提出更完整的构想。这样会给下属以激励，成为下属成长的原动力。

第三，不要只埋头记录，不注重思考。

埋头记录，固然显示上司重视，但不注意思考，往往会把下属意见中可取之处或蕴含着的有价值的意见漏掉。下属的意见中，除完全赞成上司意见或应付了事者外，不管是补充性意见还是不同意见，不管是长篇大论还是寥寥数语，多少都会有可取之处，甚至有能帮助打开思路、非常值得探讨的有价值的内容。所以，领导者在听取意见时，固然要记下要点，但更重要的是要注意思考，要善于从下属发言中捕捉和发现有意义的内容，并及时把它提出来，以引发员工进一步思考。

3.要正确识别和对待错误意见

在制订方案和决策的讨论中，有些不同意见（包括反对意见）听起来似乎有道理，但实际上是错误的。领导者必须善于识别这些错误意见，并根据它们的不同性质，采取恰当的方法，予以正确的回答。

在这些错误意见中，有的是由于发言者的具体岗位不同，从自己的角度提问题，犯了忽略整体、以偏概全的错误；有的是由于求全责备，抓住方案中的某些缺点和不足大做文章。这时不要对这类意见简单地加以否定，而要冷静地分析这些缺点和不足对方案有多大影响，这种影响能否采取相应的措施加以解决，对这些缺点和不足之处怎样补充、修改，使方案更趋完善等。

总之，对待错误意见，领导者一定要冷静、仔细地分析，明确它们错在哪里，应采取哪些相应的方法，耐心地说明道理，使发言者从认识上得到提高，不影响方案和决策的制定；并且尽可能从这些错误意见中吸取有益的东西，使制订的方案和决策更加完善。

4.对下属提出的任何意见都要有所交代

为了使下属发表意见的积极性不受挫伤，能够持久地保持下去，领导者需要对下属的意见，不管是正确的还是错误的，正面的还是反面的，重要的还是不重要的，有价值的还是没价值的，都应有所交代。对正确的和有价值的意见，不仅口头上接受，工作中采纳，还要给予提意见者表扬甚至奖励。一切意见中的可取之处，都应吸收到方案或工作中去，并且告知提意见者。对没有可取之处和错误的意见，也应对提意见的人表示感谢，说明提意见就是对集体的关心，而关心就值得感谢，鼓励他们以后继续关心集体的事业，发现了问题或者有什么想法及时提出来。

批评下属有分寸

　　批评下属，是领导者在实施管理活动时必须运用的一种交谈方法，它对教育和帮助下属，使管理工作和下属本身改正错误，具有重要意义。然而，由于人们更容易喜欢表扬而反感批评，所以某些下属往往听到表扬高兴，听到批评扫兴，甚至得不到表扬不以为然，受到批评则如坐针毡。这就要求领导者在对下属进行批评时，讲究一定的原则和方法。

　　"小张，你到我办公室来一趟！"销售部经理"啪"的一声挂了电话，小张心惊胆战地走进了经理办公室。

　　"你这个月的销售业绩怎么这么差啊？你看看人家小邓，刚来两个月业绩就飙到本月第一名。你以为我能让你拿这么多的薪水，我就不能让别人拿得比你更高？再这样下去，你这个销售冠军还能坐多久？"

　　"经理，我……我有我的解释。"

　　"你别说了，你回去好好反省吧。我再给你一个月的机会，要是下个月你的业绩还不能提升，那我就要扣你年终奖金了。好了，你先出去吧。"经理不耐烦地摆手示意欲言又止的小张出去。

从经理和小张的这段对话来看，经理始终没有把握好批评的尺度，而是站在一个"家长"的角度，指手画脚，态度蛮横，不容下属解释，以纯粹的业绩量来对下属进行评价。

"人非圣贤，孰能无过？"你的下属当然也不例外。作为领导者，你该如何去批评他们呢？其实，那些真正想通过批评解决问题、更好地改进工作的领导都很清楚：批评下属绝不是一件轻松、容易的事。在批评下属时，领导者要掌握一些批评的原则与技巧。

1. 尊重是批评的前提

每个人都有自尊心，领导者批评下属应在平等的基础上进行。态度上的严厉不等于言语上的恶毒，切记只有无能的领导才去揭人伤疤。因为这种做法除了让人勾起一些不愉快的回忆，于事无补；而且除了使被批评者寒心外，旁观的人也不会舒服。恰当的批评语言，还体现出一个领导的心胸和修养。所以，批评下属时绝不可恶语相向，不分轻重。

要尊重被批评者的人格，不要说诸如"愚蠢""笨蛋"等污辱人格的话，而应使用委婉的语气去批评对方，让被批评者感觉到领导并没有因为过错而对自己轻视。尽量不使用比较法来批评，因为这种比较实质上就是要证实被批评者的无能和愚蠢，是借机攻击他的自身价值，会损伤他的自尊心。

对于一个讲究批评艺术的领导来说，正确而有效的批评就是充分地尊重被批评者，以一种平等的身份，让他知道你所批评的是他做错的那件事，绝不是他这个人。

2. 批评要找准事实依据

领导者在批评下属前，先要深入了解事实真相。真相往往隐藏在表象之后，只有通过细致入微的分析、多方位多层次的综合，加之以理性的判断才可能浮出水面。因此领导者不可先入为主、主观猜测，而须秉持公正无私之心，这是确保批评顺利进行的前提条件。

3. 批评要找准时机

领导者批评下属要适时，既不能过早，也不能过晚。心理学研究的成果告诉我们，语言的"分量"是随时机而分轻重的。这主要决定于所说的话语对听者切身关系的大小、听者对话语的精神准备程度、外界环境的情况，以及听者兴奋性刺激物和抑制性刺激物的多少等条件。批评也是如此，若实施过早，条件不成熟，往往达不到预期目的。例如，两位下属刚吵过架，情绪因受刺激正处于极度兴奋状态，这时若领导对双方马上施以劈头盖脸的批评，不但对问题的解决无益，还会给自身招致麻烦，导致下属迁怒于自己，使自己陷入下属的矛盾纠纷之中。正确的办法应是先"挂"起来，进行"钝化"矛盾的"冷处理"，待到双方都心平气和时，再顺势着手解决。

4. 不要在众人面前斥责下属

有的领导喜欢在众人面前斥责下属，这种做法是非常不恰当的。

你既为该单位的领导，无论如何，你总该对单位的人与事负有责任，当众斥责下属，反而会暴露出你的管理不力，或由你所制定的管理体制不健全。更糟糕的是，你还会给人留下自私与狭隘的印象。

5. 批评时要控制好个人情绪

对于领导者来说，控制住情绪是极其重要的。一般来说，在批评前应先以稳定的情绪看待员工的错误，想到批评的目的是帮助对方改正错误，告诫自己不要只图一时痛快而大发雷霆。要明白，对方虽然是你的下属，你有批评的权力，但在人格上他与你是平等的。在批评中，如果对方的态度不好，可能会让自己极为生气，这时不妨结束谈话，或者通过别的事情来转移一下注意力，切忌因发怒而让批评毫无效果。

6. 批评不是责骂

责骂不是最直接的批评方式，而是一种最愚蠢的沟通形式。一些领导者以为自己能够位高于众人以上，具有无上权威，拍案叫骂更是威风八面，看下属跟自己谈话时态度战战兢兢，心中甚感得意。这是不对的。这样的话，公司的员工很少干得长久，人才也难以培养，实在是有百害而无一利。

7. 批评要以理服人

批评能不能奏效，关键在于批评者能否以理服人。有些上司总是忘不了自己大小是个"官"，下属一旦有错，总是居高临下，盛气凌人，摆"架子"，拿腔调，动辄训人。其实，有些人犯了错，在你没有批评他之前，他早有自知之明了，也许还想好了弥补的措施。可面对官气十足的训斥，他反而会产生逆反心态，"就是不服气"，甚至对着干。人非草木，孰能无情？只要晓之以理、动之以情、言辞恳切，把批评融进关切之中，既指出问题，也帮助分析问题产生的原因以及任其下去可能会造成的影响，同时给予热情的勉励和殷切的期望,让下属从内心里感到你是在关心他、爱护他，是在真心实意地帮助他修正缺点、改正错误，这样才能真正达到"惩前毖后、治病救人"的目的。

8. 指出"错"时也指出"对"

大多数批评者往往把重点放在指出下属"错"的地方，却不能清楚指明下属应该怎么做才"对"。

领导者的态度对下属改正错误绝对有影响，要么有利于改正下属的行为方式，要么会对下属造成一种心理压力，反而不利于问题的解决。

在指责下属的同时，领导者也应该指出如何做才是正确的。这样才能更具有说服力，使下属心悦诚服地接受你的批评，并依据你的批评积极主动地去改掉错误。

第八章

与同级交往的艺术

交流有艺术，融洽好相处

有研究显示，会交谈的人能增进彼此间的感情，消除彼此间的生疏与隔膜，不仅有利于开展工作，对处理好人际关系也很有益，能更好地有助于人的事业发展。

在日常交往中，我们在交谈中需要注意把握以下几个方面，来建立融洽的人际关系。

1. 谨言慎行，相互尊重

我们每一个人都渴望被别人尊重，所以我们必须认识到，我们每一个人必须先"俯下身子"去真诚地尊重别人、体谅别人，这样才能换来别人对我们的尊重，人与人之间营造出平等与尊重的和谐氛围。尊重他人就是善待自己。

人与人之间，不管能力和水平有多大的差异，都应对他人有必要的尊重，尤其要在平时注意自己的言辞。对那些你认为水平比你高、能力比你强的人，也不要表现出缺乏自尊与自信的样子，这样往往会让他人瞧不起。对那些你认为不如你的人更不要盛气凌人，因为这样会因为你对他不尊重而导致正常交往的失败。不要在他人面前说大话、空话，不要扫他人兴，不要以质问的口气对他人说话，这些都是对别人的不尊重。

2. 求同存异

人与人之间由于经历、立场等方面的差异，对同一个问题，往往会产生不同的看法，引发一些争论，一不小心就容易伤和气。因此，与同事有分歧时，不要过分争论。客观上，人接受新观点需要一个过程，主观上，人往往有"好面子""好争强夺胜"的心理，彼此之间谁也难服谁，此时如果过分争论，就容易激化矛盾而影响团结；但也不要一味"以和为贵"。要在发生分歧时努力寻找共同点，争取求大同存小异。实在不能一致时，不妨冷处理，表明"我不能接受你的观点，但我保留我的意见"，让争论淡化，又不失自己的立场。

3. 真诚相待

人与人相处具有相近性、长期性、固定性，彼此都有较全面深刻的了解。要特别注意的是要真诚相待，不能"以礼行虚"。一个人如果给同事的印象是"虚礼"，他就很难赢得同事的信任。信任是联结人与人之间友谊的纽带，真诚是人与人之间共事的基础。人与人之间工作受阻，或遇到挫折和不幸时，往往是考验相互之间真诚和信任的重要时机，在这种关键时刻要特别留心，把对方的境遇挂在心上，及时给对方真诚的关心和帮助，这样才能使同志式的友谊地久天长。当然，在相等的条件下，双方的喜好、爱憎都较接近，彼此容易熟悉起来，因此，处理各种事情时，要设身处地替他人着想，在自己的言语付诸行动之前想一想他人这样对待自己时会怎样，将心比心。

4. 信守承诺

言必信、行必果，在人与人的交往中非常重要。人要有责任感，没有把握或做不到的事，不要信口允诺，不要空口说大话。允诺了的事不管多么困难，也要千方百计地去兑现。如果因意外的原因未能办成，应诚恳地向对方解释说明，并致以歉意，不可不了了之。在做事或交往中，凡经过考虑成熟的事就要善始善终，绝不可中途松懈，虎头蛇尾。这样，在人际交往中能表明你是个有见地、有能力、可以信赖的人。

5. 少说多做

"祸从口出"，在他人面前，不该说的不要说，特别是涉及单位别的同事、工作任务等方面的话题，不要发牢骚。最稳妥的办法是少说多做，用行动来表达自己的观点。对看不惯的现象，说多了，会引起别人的反感。比如，你看不惯同事总迟到，如果你善意地提醒他注意准时上班，他或许会认为你多管闲事，倒不如你每天提早 10 分钟上班，把卫生打扫干净，整理好材料，几天下来，你的无声的"批语"相信会令他汗颜的。

6. 多"补台"不"拆台"

人与人之间要多联系、多交流、多协调，少猜疑、少指责、少说怪话，要相互"补台"而不"拆台"，切实做到不利于团结的话不说，不利于团结的事不做。特别是在与外单位的人接触时，要形成维护"团队形象"的观念，多"补台"少"拆台"，不要为自身小利而损害集体大利，最好做到"家丑不外扬"。

7. 虚心求教进步快

经常向他人学习和求教会让自己受益匪浅。这不仅有利于攻克难关，确保工作的顺利进行，也能促使自己不断上进，提高解决问题的能力和水平；同时，会让他人对你的"请教"产生好感，促使彼此关系友好、和谐，使彼此交往更加顺利。相反，如果你不懂得虚心请教和学习，很可能造成与他人交谈和共事的障碍。

有些人自命不凡，瞧不起他人，更不愿意与他人主动交流。其实，遇到问题时不要不懂装懂，擅自下结论或者匆忙表态，应该多虚心求教于他人。

多向他人学习和请教是一个人实现自我提升的有效途径，也是发展彼此良好关系的客观需要。对于一个人来说，虚心求教主要有两方面的好处：一是使人进步。人生有涯而学海无涯，一个人不管怎样聪明博学，他的知识与人类整体的知识相比都只不过是沧海一粟。"海纳百川有容乃大。"才识越高的人，越明白这个道理。二是虚心求教能赢得好感。谦虚的人言谈举止谦恭有礼，不专断、不傲慢、不自以为是，在工作中比较容易获得他人的好感，容易得到忠告、帮助和真诚的合作，他的事业之船等于悬挂了顺风之帆，其成功也就不言而喻。

所以，在工作中，我们要时刻保持谦虚的态度，多向有经验的人学习业务知识，学习他们身上好的品质。

"和稀泥"也是交往方式

现实生活中，"和稀泥"这个词语常常含有贬义的色彩。一听到"和稀泥"，人们就会在脑子里出现这么一幅景象：一个好好先生，满脸笑容地对辩论的双方做出一种公允之态，既不说甲错，也不说乙错，反而提出一大通理论，说甲对乙也对。于是辩论停止，而真理始终没有出现。有些人会觉得"和稀泥"的人常常混淆黑白，没有坚持原则，可是换个角度来想，到底又有多少事情非要弄个泾渭分明，非要列出"甲方乙方"呢？如果非要为了一些小事争个高下，岂不伤了和气？

在"和稀泥"的过程中，什么才是决定性的因素？是水。当把水泥、沙土及其他添加物搅和到一起时，如果没有水作为媒介，各种物质表面看是混合到了一起，实际上却依然各自分离。此时水的融合特性就显得十分关键。只有用水来"和"，这些物质才能真正黏合在一起，也才能形成坚固的建筑构件。这时，水的融合特性就显露无遗了，因为水在融合各种物质时，没有偏好，不会厚此薄彼，所以各种物质在水的作用下，就会服服帖帖地处于"和而不同"的最佳组合中了。

跟谁都能交朋友

　　其实"和稀泥"是一项高超的交谈艺术和交往本领，如果你能在双方僵持不下时巧妙地为他们打打圆场，劝对立的双方顾全大局、以"和"为贵，就能让剑拔弩张的双方大事化小，小事化了，这样双方都会对你心存感激。

　　人们常说当局者迷，有时交谈的双方会在一些无关紧要的话题上争个面红耳赤，这时候如果能有一个会交谈的人从中"和稀泥"，往往就能避免争端，这样既顾全了大家的"面子"，又避免了日后的尴尬。

　　清朝末年，陈树屏出任江夏知县。当时张之洞在湖北做督抚，张之洞与抚军谭继询关系不和。有一天，陈树屏在黄鹤楼宴请张、谭二人及其他官员。做客的人谈到江面宽窄问题，谭继询说是五里三分，张之洞却故意说是七里三分，双方争执不下，宴席上的气氛顿时紧张起来。

　　陈树屏知道他们是在借题发挥，灵机一动，从容不迫地拱拱手，言辞谦虚地说："江面水涨就宽到七里三分，而落潮时便是五里三分。张督抚是指涨潮，而抚军大人是指落潮。两位大人都没有说错，这有何可怀疑的呢？"张之洞和谭继询本来就是由于争辩下不了台阶，听了陈树屏的这个有趣的圆场，自然无话可说了。众人一起拍掌大笑，争论便不了了之。

　　陈树屏打圆场的技术很高明，他"和稀泥"、打圆场的核心就是：调解纠纷，化解矛盾，避免尴尬，打破僵局。可见"和稀泥"应该从善意的角度出发，以特定的话语去缓和紧张气氛、调节人际关系。别人出了丑主动打打圆场，为其救场；他人陷入窘境，主动解围，给他找个台阶下。"和"了这样的"稀泥"，让大家一笑了之，解开疙瘩，何乐而不为呢？

当然，在尴尬的场合下有时"一个巴掌拍不响"，"和稀泥"的人也需要配合，如果当事人不理解人家的好意，一意孤行，那无论怎么想"和稀泥"，都不会起到好的作用。

想想我们生活中，其实没必要什么都是黑白分明，也没有那么多是非对错。事事较真，难免会让自己身心俱疲，还不会得到好的结果。与其这样，不如"和和稀泥"，大家关系处好了，还有什么办不成的呢？

背后说好话，胜过当面赞

　　喜欢听好话似乎是人的一种天性。当来自他人的赞美使其自尊心、荣誉感得到满足时，人便会情不自禁地感到愉悦和鼓舞，并对说话者产生亲切感，这时彼此之间的心理距离就会因赞美而缩短、靠近，为交际的顺利创造必要的条件。对一个人说他人的好话时，当面说和背后说效果大不一样。当面说好话有时会有溜须拍马之嫌，尤其是对位高权重的人，对方会以为你不过是在奉承他、讨好他或者有求于他，反而会提高警惕。但当你在背后说一个人的好话时，大家往往会认为你是出于真诚，是真心对某个人表示赞赏，而这些话传到当事人耳朵中后他也会领你的情，并感激你。可见"当面背后都说好话"是一种高超的交谈艺术，如果能做到"当面说真话，背后说好话"，那么你就可以"左右逢源"了。

　　《红楼梦》中有这么一段描写：

　　史湘云、薛宝钗劝贾宝玉做官，贾宝玉大为反感，对着史湘云和袭人赞美林黛玉说："林姑娘从来没有说过这些混账话！要是她说这些混账话，我早和她生分了。"凑巧这时黛玉正来到窗外，无意中听见贾宝玉说自己的好话，"不觉又惊又喜，又悲又叹"。结果宝黛两人互诉肺腑，感情大增。

在林黛玉看来，宝玉在湘云、宝钗、自己三人中只赞美自己，而且不知道自己会听到，这种好话不但是难得的，而且是无意的。倘若宝玉当着黛玉的面说这番话，好猜疑、使小性子的林黛玉就可能认为宝玉是在打趣她或想讨好她了。

背后说别人的好话，远比当面恭维别人，效果要好得多。它除了能给更多的人以榜样的激励作用外，还能使被赞美者在听到别人"传播"过来的好话后，更感到这种赞美的真诚，从而在荣誉感获得满足时，也增强了上进心和对赞美者的信任感。

有一位员工与同事们闲谈时，随意说了上司几句好话："耿经理这人真不错，处事比较公正，对我的帮助很大，能够为这样的人做事，真是一种幸运。"这几句话很快就传到了耿经理的耳朵里，耿经理心里不由得有些欣慰和感激，那位员工的形象也在耿经理心里提升了。就连那些"传播者"在传达时，也忍不住对那位员工夸赞一番：这个人心胸开阔、人格高尚，难得！

赞美是一门学问，其中的奥妙无穷。而背后夸奖更是赞美他人的一种好方式，我们应该细细揣摩。

距离拉近有妙招

　　生活中我们接触的很多是陌生人，之前从未谋面，更别说了解了。如果与这样的人合作或交往，首先要做的就是通过交谈来了解对方，做到知己知彼，这样才能为以后的合作和交往打下良好的基础。

　　了解对方主要包括以下几个方面：

　　第一，对方的基本情况。包括年龄、籍贯、主要经历、现在的工作等，这些是交谈中我们首先要了解的信息。这些信息虽然不会对我们的认识产生决定性影响，却能通过这些信息让我们顺藤摸瓜，找到一些重要的信息，找到与之打交道的突破口。

　　第二，对方的特点。包括爱好、兴趣、习惯，甚至口头禅和经常去的地方等，这些是与对方展开交流的切入点。只有找到对方感兴趣的事情，才能让他觉得与你的交流是有意思的，进而增进交流，加深感情。

　　第三，对方忌讳的方面，这是重点。如果你不了解对方忌讳的地方，随口提起，轻则招致对方的不满，重则双方可能不欢而散。这项工作一定要做好，否则意见谈不拢，工作做不好，甚至会影响双方日后的关系。

　　每个人的爱好、兴趣都有所不同。每个人都喜欢谈论自己感兴趣的事情。如果你能抓住这种心理，以这个为突破口，打开对方的"话匣子"，就可以迅速拉近双方距离，使交流变得容易。

　　有时候，充分了解对方之后，不必急着会面，通过其他方式与对方取得联系并获得信任，然后再切入正题，也可以取得良好的效果。

　　有位编辑向著名学者钱钟书组稿，从媒体上得知这位学界泰斗脾性很是乖僻，所以事前做足了功夫。她对钱钟书的著作及学术成就有所了解，也知道钱老的叔父钱孙卿先生是她所在学校的前任老校长。做了功课之后，这位编辑先以书信"试探"。

　　钱老伉俪情趣高雅，幽默诙谐，相与为乐。杨绛女士经常称钱老为"黑犬才子"。此系钱老之字"默存"分拆而成的离合体字谜。于是这位编辑也冒昧为他们的姓名编了两条灯谜。信中先呈上她的灯谜，然后陈述其叔父举学之业绩。她很快收到回信，内附联名贺卡，蓝地金字，庄重雅致，特别是钱老签名的明信片，独具风采。接下来的事便顺理成章。

　　由上述事例可见，要想劝服别人，令对方欣然与自己合作，最好先对对方做一番了解，使对方觉得"这人好像很了解我"而加深对自己的印象，然后选好切入点，这样步步为营，稳扎稳打，胜算才更大。想争取与别人合作的机会，先要了解对方。但是仅有了解是不够的，还需要在言谈中有技巧使对方与自己的交往更为顺利。

跟谁都能交朋友

可是有时候我们没有办法获取充分的信息，以全面地了解对方，这就需要临场发挥，多动动脑筋，随时发现对方的特点，找到与对方顺利交往的技巧。

汤姆是美国有名的矿冶工程师，毕业于美国的耶鲁大学，又在德国的佛莱堡大学拿到了硕士学位。可是当汤姆带齐了所有的文凭去找美国西部的大矿主霍斯特的时候，却遇到了麻烦。那位大矿主是个脾气古怪又固执的人，他自己没有文凭，所以就不相信有文凭的人，更不喜欢那些文质彬彬又专爱讲理论的工程师。

当汤姆前去应聘递上文凭时，满以为霍斯特会乐不可支，没想到霍斯特很不礼貌地对汤姆说："我之所以不想用你就是因为你曾经是德国佛莱堡大学的硕士，你的脑子里装满了一大堆没有用的理论，我可不需要什么文绉绉的工程师。"

聪明的汤姆听了不但没有生气，反而心平气和地回答："假如你答应不告诉我父亲的话，我要告诉你一个秘密。"霍斯特表示同意，于是汤姆对霍斯特小声说："其实我在德国的佛莱堡并没有学到什么，那三年就好像是稀里糊涂地混过来一样。"想不到霍斯特听了，笑嘻嘻地说："好，那明天你就来上班吧。"

就这样，汤姆在必要时退让了一把，轻易地在一个非常顽固的人面前通过了面试。

汤姆在面试之前根本没想到自己会碰这么个"大钉子"，想想看，名校文凭，过硬的能力，还有什么能比这些更能吸引招聘者的眼球呢？可是遇到了这样不拘一格的领导，汤姆也就只好随机应变、投其所好了。

想请别人做一件事，如果直接把全部任务都交给对方往往会让对方产生畏难情绪，拒绝你的请求；而如果能够以小事为切入点，化整为零，先请他做开头的一小部分，再一点一点请他做接下来的部分，对方往往会想，既然开始做了，就善始善终吧，于是就会帮忙到底。

有位汽车推销员，为了手上的高级进口车，专程去拜访一位企业家。可是见面开始时他并不谈买车的事，反而先拿出儿子的集邮册。原来他儿子与企业家的儿子是同班同学，他知道企业家为了替儿子搜集邮票，不辞辛劳，还乐此不疲。他用这件事当话题，两人很快就有了共同语言，并且谈得很投机，最后在快要告辞时稍微提一下车子的事，自然就顺利卖出了。

故事里的推销员顾左右而言他，先与企业家聊了些看似无关紧要的小事，而实际上却与企业家建立了潜在的联系，让企业家觉得自己跟这个推销员有共同语言，自然也就对他说的话感兴趣了。在建立了联系的基础上，推销员才表示出自己真正的意图，说了大事，这样大事也就不是那么无理的要求了，很容易就获得了对方的同意。

先谈小事、再谈大事的做法，也就是管理学中经常提到的"登门槛效应"。它是指由易至难地向别人提出请求、由简入繁地做好每一件事，这样往往能够步步为营，克服重重困难，最终实现目标。就像我们登台阶一样，不可以一步飞跃，只有从脚下的台阶开始，一个台阶、一个台阶地登上去，才能最终抵达终点。在交谈中我们如果善于运用这种方法，往往会事半功倍，效果显著。

开玩笑要适度

玩笑是人与人之间的"润滑剂"，适度的玩笑会在自己和同事之间创造一种宽松、愉悦的氛围。在职场中，同事之间适当地开个小玩笑，不仅可以调剂枯燥的工作，还可以增进彼此之间的感情，拉近彼此之间的距离。因此，很多人喜欢有事没事和同事开个玩笑。不过，过度的不计后果的玩笑会给他人造成伤害，也会给自己带来麻烦和损失。所以，为了减少不必要的麻烦，和同事开玩笑时要分外小心，掌握分寸。

阿芳是一个生性活泼的女孩，在办公室工作的时间长了，她觉得气氛太过严肃和沉重，让人感到压抑。于是，她经常会跟同事开开玩笑，使大家在紧张之余会心一笑，让办公室的氛围变得轻松一些。

办公室有个说话结巴的男同事，每到开会的时候，一紧张就更说不出话了。阿芳平时常模仿他说话，每次都把同事们逗得前仰后合。头几次，那个男同事还挺大度地跟着大家笑笑，可是后来，阿芳发现他已经很久没有跟自己说过话了。阿芳这才意识到，自己的玩笑开过火了。

同事之间开玩笑要适度，像阿芳这样就是没有把握好"度"，才造成了现在的结果。所以，和同事开玩笑，千万不要"过头"。如果开玩笑的效果让他人觉得受辱，认为是在拿他"开涮"，同事之间就会闹出矛盾。

开玩笑绝不意味着可以恶语相讥。开玩笑是一种好的幽默，来自于智慧，可为人们酿出欢乐，是一种高雅的情趣。所以，开玩笑也是有分寸的，失去分寸，就适得其反了。开玩笑是一种语言艺术，形成的基础和条件是：

1. 要有高尚的情趣和乐观的信念

幽默的谈吐是建立在说话者思想健康、情趣高尚的基础上的。它对人提出善意的批评和规劝，要求批评者有较高的思想境界和较高的涵养。一个心地狭窄、思想颓唐的人是不会幽默的。幽默永远属于那些热心肠的人，属于那些生活中的强者。幽默者品德要高尚，要心宽气朗，对人充满热情。

2. 要有较高的观察力和想象力

幽默的谈吐具有反应迅速的特点，这就要求说话者思维敏捷、能言善辩，而这些又来自于对生活的深刻体验和对事物的认真观察。一个人具有较高的观察力、想象力，才能通过比拟、夸张、双关等方式说出幽默的话语。

3. 要有较高的文化素养和语言表达能力

幽默的谈吐是人的聪明才智的标志，它要求人有较高的文化素养和较强的驾驭语言的能力。一个人语言修养高、文化知识丰富，对古今中外、天南海北、历史典故、风土人情、各种各样的事情都有所了解和掌握，再加上词汇丰富，语言表达方式灵活多样，讲起话来就会"得心应口"，自然就容易活泼、生动、有趣。

最后，要强调是，开玩笑只是交流的手段，并不是目的。不能为开玩笑而开玩笑。一定要根据具体的题旨、语境，适当选用幽默话语，否则，反而容易弄巧成拙。

任何讽刺、挖苦都是带有攻击性的，即使是友善的嘲弄，有时也会让你失去友情。因为讽刺、挖苦阻挡了正常的开放式的交流，而使交往变成了荒谬的争吵。所以我们要注意以下几点：

忌带着污言秽语。一出口便是脏话秽语，自以为豪迈，其实不仅自降人格，还会惹得对方心中不快，周围众人避而远之。

忌怀着讥讽的心态。如果开玩笑的出发点是为了贬低对方，指桑骂槐，达到抬高自己的目的，那就大错特错了。

忌揭他人短处。将对方的生理缺陷、生活污点等鲜为人知的短处当作笑料一一抖出，会严重伤害对方的自尊心。

忌涉及他人隐私。开玩笑不要涉及对方生活、工作上的隐私，否则很容易造成言者无心，听者有意，对对方造成伤害。

在与同事的交往中，开个得体的玩笑，可以松弛神经，活跃气氛，营造出适于交际的轻松愉快的氛围，因而诙谐的人常受到人们的欢迎与喜爱。但是，玩笑开得不好，则会适得其反，因此开玩笑要掌握好分寸。

1. 内容要高雅

笑料的内容取决于开玩笑者的思想情趣与文化修养。内容健康、格调高雅的笑料，不仅给对方以启迪和精神的享受，也是对自己美好形象的有力塑造。

钢琴家波奇一次演奏时，发现全场有一半座位空着，他对听众说："朋友们，我发现这个城市的人们都很有钱，我看到你们每个人都买了两三个座位的票。"于是听众放声大笑。波奇无伤大雅的玩笑话使他"反败为胜"。

2. 态度要友善

与人为善，是开玩笑的一个原则。开玩笑的过程，是感情互相交流传递的过程。如果借着开玩笑对别人冷嘲热讽，发泄内心厌恶、不满的情绪，那么别人很快就会识破。也许有些人不如你口齿伶俐，表面上你占到上风，但别人会认为你不尊重他，从而不愿与你交往。

3. 行为要适度

开玩笑除了可借助语言外，有时也可以通过行为动作来逗别人发笑。

有对小夫妻感情很好，整天都有开不完的玩笑。一天，丈夫摆弄鸟枪，对准妻子说："不许动，一动我就打死你！"说着扣动了扳机。结果，妻子被意外地打成重伤。

可见，玩笑千万不能过度。

4. 对象要分清

同样一个玩笑，能对甲开，不一定能对乙开。人的身份、性格、心情不同，对玩笑的承受能力也不同。

对方性格外向，能宽容忍耐，玩笑稍微过一点也能得到谅解。对方性格内向，喜欢琢磨言外之意，开玩笑时就应慎重。对方尽管平时开朗，但如恰好碰上不愉快或伤心事，就不能随便与之开玩笑。相反，对方性格内向，但正好喜事临门，此时与他开个玩笑，效果也会出乎意料地好。

第九章

与客户交往的艺术

掌握有效提问的技巧

工作中，与客户进行有效的交谈是十分重要的。通过交谈正确传达自己的想法，了解客户的信息，增进与客户的交谈、了解。

通常情况下，直接向顾客提出问题，都会引起客户的兴趣，引导客户去思考，然后很顺利地转入正式面谈阶段，这是一种非常有效的交谈方法。

1. 洽谈时用肯定的语气提问

在开始洽谈时用肯定的语气提出一个令顾客感到惊讶的问题，是引起顾客注意和兴趣的可靠办法。如："你已经……吗？""你有……吗？"或是把你的主导思想先说出来，在这句话的末尾用提问的方式将其传递给顾客。"现在很多先进的公司都构建自己的局域网了，不是吗？"只要你运用得当，说的话符合事实又与顾客的看法一致，就会引导顾客说出一连串的"是"，直至成交。询问顾客时要从一般性的事情开始，然后再慢慢深入下去。

向顾客提问时，虽然没有一个固定的程序，但一般来说，是先从一般性的简单问题开始，逐层深入，以便从中发现顾客的需求，创造和谐的气氛，为进一步推销奠定基础。

2．注意提问的表述方法

下面的小故事可以说明表述的重要性。

一名教士问他的上司："我在祈祷的时候可以抽烟吗？"这个请求遭到上司的断然拒绝。另一名教士也去问这个上司："我在抽烟的时候可以祈祷吗？"抽烟的请求得到了允许。在与客户的交谈中，我们应注意提问的表述方法。

3．尽量提出开放式问题

向客户提出问题的时候，最好避免客户只用"是"或"否"就能够回答的问题。如果向客户提出的问题对方仅仅用"是"或者"否"来回答，那么，我们获取的信息显然太少，因此不得不问更多的问题，然而绝大多数的客户不会喜欢连珠炮似的发问，问题过多反而会吓跑客户。

销售行为的成功，很大程度上依赖于你对客户的了解程度。因此向用户提问的过程是你获取价值信息的重要过程。所以，在客户面前应尽量提一些客户需要很多的语言才能解释的问题，这种问题称为"开放式问题"，并通过这样的提问获得具有价值的信息。而这样的提问方式，需要客户做出大量的解释和说明，你只需要相对较少的问题就可以达到目的。如"您要采购怎样的产品""您的购买目的是什么"等，这样客户就不得不说出更多的想法，从而使你了解客户的真实目的和想法。当然，开放式的提问方式，也是需要有所节制的，并非越开放越好，否则客户会不知从何说起。所以，在提出开放式的问题时，销售人员一定要有所预期，使客户不需要太多的思考就能回答。

4．用问题来引导客户

有些时候，客户是一个非常健谈的人，比如你问："你今天过得怎么样？"客户可能会从早餐开始一直谈到今天的天气、交通状况等，漫无边际。开放式的提问方式具有很多的好处，但是需要有一定的节制，否则可能销售人员和客户谈得很投机，却最终不能了解到任何有价值的信息，白白浪费了很多时间和精力。对此，"封闭式"的提问方式，是很好的补充。

"封闭式"问题就是用比较确定的语言来回答的问题。"封闭式"提问方式最大的好处在于能够确认客户对某一事件的态度和看法，从而帮助我们真正了解到客户的想法。如"你确定要购买这种型号的电脑，是吗？"明确的提问需要明确的回答。

"开放式"的提问方式与"封闭式"的提问方式相配合才能在与客户的交谈中使自己保持主动地位，主动地引导客户按照自己的设想和思路逐步展开思考，从而达到推销的目的。

5．建立对话的氛围

审问式的交谈是交流沟通中的大忌。没有人会喜欢被审问的感觉，因为这样会使客户有被胁迫的感觉，因此，大量地使用封闭式的问题，往往会造成审问式的交谈结果。

避免审问式交谈的最佳方式是耐心。许多人在提问的时候，往往犯下这样的错误：前半句是一个开放式的问题，但紧接着，作为补充，后半句又成了一个封闭式的问题。比如，"你喜欢做什么样的工作？……我的意思是说你是否愿意成为销售人员？"

很显然，销售人员在销售谈判的开始往往比较紧张，因此，会导致以开放式问题开始，而以封闭式问题结束，急不可耐地想将自己的想法强加给客户。所以，建立对话式的讨论氛围关键是要有一定的耐心，通过开放式的问题，让客户多说一些，自己多听一些，并在此基础上，不断有意识地将客户向自己的方向引导，最终达到自己的目的——完成销售过程。

学会有效说服客户

戴尔·卡耐基说："一个人的成功，约有 15% 取决于知识和技术，85% 取决于交谈——发表自己意见和激发他人热忱的能力。"也就是说，你的成功取决于你能更好地去说服别人。

爱斯基摩人居住的格陵兰岛是世界第一大岛，那里到处都是冰雪，巨大的冰盖占据了 80% 以上的面积。如果作为冷饮公司的销售员，你怎样才能把冰块卖给爱斯基摩人呢？

看看美国销售大师汤姆·霍普金斯是如何做的。

"您好！我叫汤姆·霍普金斯，在北极冷饮公司工作。我想向您介绍一下北极冰的许多益处。"

"北极冰？真有意思。这里到处都是冰，而且不用花钱，我们甚至就居住在冰屋子里。"

"是的，先生，看得出您很注重生活质量。能解释一下为什么这里的冰不用花钱吗？"

"很简单，因为这里遍地都是冰。"

"您说得非常正确。您使用的冰就在您的周围，而且日日夜夜，无人看管！"

"没错，这种冰太多了。"

"但您的这些冰放入饮料中，必须先进行消毒才能吃，您是如何消毒的呢？"

"煮沸吧，我想。"

"是的，先生。煮过以后您又能剩下什么呢？"

"水。"

"将冰块煮沸，冷却成水，再冻成冰块，这样是在浪费您自己的时间。假如您愿意接受我们的服务，今天晚上您的家人就能享受到干净、卫生又富有口味的北极冰饮料。"

"您这种冰块饮料的价格是怎样的？"

看，汤姆·霍普金斯就要涉及成交了！

其实顾客真正的反对理由并不多，大多数只不过是他们的借口罢了。以下是顾客常用的拒绝的十大借口：

1. 我从来不会因为一时冲动而做出决定，因此我需要再考虑一下，过几天再答复你；

2. 我们今年的财政预算已经用完了，因此暂时不再考虑购买新的产品；

3. 我们公司希望用品质及售后服务更好、更上档次的产品；

4. 这一项目还没有完全开始，请过一段时间再来吧；

5. 我们跟其他公司已经合作多年了，因此暂时不会考虑换厂家；

6. 你们的价位太高了，产品的品质及服务也太差了；

7. 现在生意不好做，所以我们暂时不考虑扩大投资；

8. 这方面的事不归我负责，我得和××商量之后再回复你；

9. 我们对你们公司不了解（或者是对你们公司的产品根本就没有兴趣），因此不会购用你们的产品；

10. 我们已经购买了。

以上理由并非全部是客户真实的想法，却使作为销售员的你与客户的谈判因此而卡壳、中断，甚至无法再正常地进行下去。实际上，以上异议并不一定是客户的真实异议，可能只是客户委婉拒绝的一种方式。客户产生异议的主要原因也许是客户想和厂家讨价还价，想向厂家争取更加优惠的政策；也许是客户对厂家及厂家产品不了解，缺乏信心；或者是客户听信了其他人的谗言，客户心中还有顾虑；也可能是客户没有增加经营厂家或品牌的需求。

因此，面对客户的异议与拒绝时，先不要轻易地下结论，要分析和判断客户异议的真假及产生的原因，这样才能做到对症下药。找出客户真正的反对理由，才能想方设法战胜它，才能获得销售的成功，才能让你的销售行为最终变为可能。

在与客户交谈的过程中，如果你想把自己的意见或思想强加给客户并让其去接受，是很费劲的做法，与其这样，不如提出有效的建议，然后让客户得出结论，那样不是更好吗？

很多人因为一心急于说服客户，改变客户的想法，一逮着机会就滔滔不绝地说个没完，丝毫不留给客户表达自己想法的机会。事实上，真正想要让客户心悦诚服，最好的方法就是要让客户能够充分地表达自己的想法。

一位专门负责销售装帧图案的销售人员在向一家公司销售装帧图案时，每次这家公司的主管人员总是先看看草图，然后充满遗憾地告诉他："你的图案缺乏创新，我们不能用。"

一个偶然的机会，这位销售员读到了一本如何影响他人行为的心理学方面的书，深受启迪。于是，他带着一些未完成的草图，再次找到那位公司主管说："我这里有一些未完成的草图，希望您能从百忙中抽空给我指点一下，以便让我们能根据您的意见把这些装帧图案修改完成。"这位主管人员答应看一看。

几天以后，这位销售员又去见那位主管人员，并根据他的意见，把装帧图案修改完成，最后，这批装帧图案全部销售给了这家公司。自此之后，他又用同样的方法顺利地销售出许多装帧图案，并因此而获得了丰厚的报酬。

这位销售员在谈到成功经验时说："我以前一直无法成功是因为我总是强迫别人顺应我的想法，现在不同了，我请他们提供意见，这样，他们觉得自己参与了创造设计，即使我不去销售，他们也会来买的。"

你如果想使客户信服，就应该记住：要换位思考，别将自己的意见强加于客户身上。没有一位客户喜欢被迫进行商品交易。换一个角度，如果你想赢得客户或者要征询客户的意见及需求，就须让他觉得是出于自愿。

激发客户的好奇心

　　某百货商店老板曾多次拒绝接见一位服饰销售员，原因是该店多年来经营另一家公司的服饰，老板认为没有理由改变这固有的合作关系。后来这位服饰销售员在一次销售访问时，首先递给老板一张便条，上面写着："你能否给我十分钟就一个经营问题提一点建议？"这张便条引起了老板的好奇心，销售员被请进门来。他拿出一种新式领带给老板看，并请老板为这种产品报一个公道的价格。老板仔细地检查了每一件产品，然后做出了认真的答复。销售员也进行了一番讲解。眼看十分钟时间快到了，销售员拎起皮包要走。老板却主动要求再看看那些领带，并且按照销售员自己所报的价格订购了一大批货，这个价格略低于老板本人所报价格。

　　可见，客户不熟悉、不了解、不知道或与众不同的东西，往往会引起注意，你可以利用人人皆有的好奇心来引起客户的注意。

　　一位销售人员对顾客说："先生，您知道世界上最懒的东西是什么吗？"顾客感到迷惑，也很好奇。这位销售人员继续说："就是您藏起来不用的钱。它们本来可以购买我们的空调，让您度过一个凉爽的夏天。"

某地毯销售人员对顾客说："每天只花一毛六分钱就可以使您的卧室铺上地毯。"顾客对此感到惊奇，销售人员接着讲道："您卧室 12 平方米，我厂地毯价格每平方米为 24.8 元，这样需 297.6 元。我厂地毯可铺用 5 年，每年 365 天，这样平均每天的花费只有一角六分钱。"

上例的销售人员制造神秘气氛，引起顾客的好奇，然后，在解答疑问时，很技巧地把产品介绍给对方。

以上实例说明，能引起顾客的好奇心，进一步就能实现相互接近的目的，因而引发顾客的好奇心是销售的重要方法。

引发好奇心不是故弄玄虚，而是要与顾客的需要联系起来，触发对方心理上的敏感点。例如，告诉对方："您亲自看一看就会知道，这一定是您送给女朋友最好的礼物。"或者借助权威者的态度打动对方，如："这种产品在国外展览时，连某国总统都惊动了。"或者告诉对方都有哪些名人买了这种产品，对方要见到也一定会喜欢。

要使对方产生好奇心，一定要引起对方的兴趣，同时要有对方所未知的内容，这才能促使对方进一步行动，弄清楚不明白的问题。

虽然利用好奇心的方法可以很好地促成销售，但须注意的是，当诱发好奇心的方法变得近乎"耍花招"时，往往不会获益，而且一旦对方发现自己上了当，计划就会全部落空。

善待客户有绝招

市场经济时代，客户就是经营者的"衣食父母"，因此，销售人员必须主动与客户交谈，并建立一种亲密合作的朋友关系。

一个炎热的午后，一位身穿汗衫、满身汗味的老农伸手推开汽车展示中心的玻璃门，一位笑容可掬的销售人员马上迎上来并客气地问："大爷，我能为您做什么吗？"

老农腼腆地说："不用，外面太热，我进来凉快一下，马上就走。"

销售人员马上亲切地说："是啊，今天真热，听说有37℃呢，您肯定热坏了，我帮您倒杯水吧。"接着，她便请老农坐在豪华沙发上休息。

"可是，我的衣服不太干净，怕弄脏沙发。"老农说。

销售人员边倒水边笑着说："没关系，沙发就是给人坐的，否则，我们买它做什么？"

喝完水，老农没事便走向展示中心的新货车东瞧西看。

这时，销售人员又走过来问："大爷，这款车很有力，要不要我帮您介绍一下？"

"不要！不要！"老农忙说，"我可没钱买。"

"没关系，以后您也可以帮我们介绍啊。"然后，销售人员便逐一将车的性能解释给老农听。

听完，老农突然掏出一张皱巴巴的纸说："这是我要的车型和数量。"

销售人员诧异地接过来一看，他竟然要订10辆，忙说："大爷，您订这么多车，我得请经理来接待您，您先试车吧……"

老农平静地说："不用找经理了，我家投资了货运生意，需要买一批货车。我不懂车，最关心的是售后服务，我儿子教我用这个方法来试探车商。我走了几家，每当我穿着同样的衣服进去并说没钱买车时，常常会遭到冷落，这让我有点难过。只有你们这里不一样，你们知道我'不是'客户还这么热心，我相信你们的服务……"

由此可见，付出真诚，让客户感受到你的关心，你就能赢得客户。所以，如果你不想失去客户，就要拥有一颗爱人之心，努力营造彼此友善相处的良好交谈氛围，这样才会在销售中无往不胜。

一个雨天的上午，一位老太太走进一家百货公司，她毫无目的地在商店内逛来逛去，很明显她进百货公司的目的是躲雨而不是买东西。大部分售货员只对她瞧上一眼，并不理她，自顾自地整理货架上的商品，以免这位老太太来麻烦他们。

这时，一位年轻的女店员看到了这位老太太，走过去向她打招呼，很有礼貌地问她："您是否有需要服务的地方？"

这位老太太对女店员说："我仅仅是进来躲雨，并不打算买东西。"

这位女店员安慰她说："即便是您不想买东西，您仍然是受欢迎的。"

女店员说完后，并没有急于回去整理货架上的商品，而是留下来主动和这位老太太聊天，以显示她确实欢迎这位不买东西的顾客。

当这位老太太离去时，这名女店员还送她到门口，并替她把伞撑开。临别时，这位老太太问这位女店员要了一张名片，然后径自走开了。

后来，这位年轻的女店员早已完全忘了这件事。然而，有一天，她突然被公司老板请到办公室去，老板向她出示了一封信，信是那位老太太写来的。

原来，那位老太太是一位富商的母亲。这位老太太写信来，要求这家百货公司派那名女店员到休斯敦代表该公司为其提供装饰一所豪华住宅所需的物品。

戴尔·卡耐基说："时时真诚地去关心别人，你在两个月内所交到的朋友，远比只想别人来关心他的人，在两年内所交的朋友还多。"一个从来不关心别人的人，一生必定遭受层层阻碍，损人又害己，注定是个失败者。

关心无大小之分，一句诚挚的"谢谢"，一个热忱的"微笑"，一声简单亲切的"道好"，一句诚心诚意的"道歉"，这些虽然微不足道，但只要真诚，就很感人。关心客户，发自内心地去帮客户排忧解难，就不愁不与客户成为朋友了。

有了真诚，你才能做好工作，没有真诚，任何成功的机会都会与你无缘。只有诚实待人、真心待客，才能赢得客户对自己的尊重和友谊，才能建立起双方的信任和理解，促进工作的顺利完成。

有一次，小张上门给客户送产品时，听客户说，他隔壁住了一位老太太，先生早逝，儿女都在海外，身体情况不太好。小张心里就想，也许公司的营养保健食品对她会有所帮助。于是，小张就在客户的引见下登门拜访。知道小张的来意后，老太太婉拒道："我不太相信什么保健品，就连儿女买的保健品还有很多没开封呢。"

离开后，小张总是记挂着这位孤独的老人，每逢去那位客户家送货时，都要去老人家里坐坐，陪她聊一会儿天。没想到有一天，老人向来看她的小张认真咨询起营养品的功用，还请小张针对自己的身体情况推荐几款。

生意就这样做成了，就连小张自己都有些纳闷：自己后来也没向老人推销过产品，她怎么会有 180 度的大转变呢？其实，有经验的销售人员一看就明白，是小张对老人的真诚关心最终促成了交易，因为它满足了老人被了解与被重视的需求。

俗话说："感人心者，莫先乎情。"这种"情"就是指人的真情实感，人只有用自己的真情才能换来对方的情感共鸣。真诚是赢得客户的唯一正确的选择。对客户真诚是获得友谊的秘诀，是获得声誉的最好的方法。

倾听客户的心声

在这个充满激烈竞争的时代，只有让客户真心信服才算真正抓住客户的心。你必须抱着虚怀若谷、海纳百川的态度聆听客户的谈话，客户才会把内心的问题、想法、意见和要求毫无保留地向你倾诉。你的角色，只是一名学生和听众；客户出任的角色，则是一名导师和讲演者。通过倾听，双方的思想可以互相"渗透"和相互融合，慢慢地凝聚力也就形成。只有这样，你才能从客户的言行举止中，了解并领悟客户所传达的信息。当你真正地了解客户的想法时，你与客户之间的交谈才算真正开始。

乔·吉拉德被誉为当今世界最伟大的推销员，回忆往事时，他常念叨如下一则令其终生难忘的故事。

在一次推销中，乔·吉拉德与客户洽谈顺利，马上就要签约成交时，对方却突然变了卦。当天晚上，按照客户留下的地址，乔·吉拉德找上门去求教。客户见他满脸真诚，就实话实说："你的失败是由于你没有自始至终听我讲话。就在我准备签约前，我提到我的独生子即将上大学，而且提到他的运动成绩和他将来的抱负。我是以他为荣的，但是你当时却没有任何反应，还转过头去用手机和别人通话，我一恼就改变主意了！"此番话重重提醒了乔·吉拉德，使他领悟到"听"的重要性，让他认识到如果不能自始至终地倾听对方讲话的内容，认同客户的心理感受，自己难免会失去客户。

通过倾听，我们可以得到有效的信息，并可据此进行创新，更好地进行销售，为客户创造更多的价值。

有一次，一位销售员带经理去见一位生性木讷的老板。这位老板是纸张批发和生产行业的领头人物。他从做销售员起步，经过不懈的努力成了纸张批发商，又开办了自己的造纸厂，成为造纸业中最受尊敬的人物之一。他还是一个不爱说话的人。相互介绍后，他们开始谈正事。经理向他讲解他所拥有的地产和生意与税收之间的关系，在听的过程中他看都不看经理，自然经理也看不见他脸上的反应，他是否在认真听也就无从得知。在这种情况下经理讲了三分钟，然后就停了下来，这似乎是一种窘迫的沉默。经理靠在椅背上等着。

对那位陪经理同来的销售员来说，这段时间太长了，这情形使他如坐针毡。他怕经理在这样重要的人物面前失败，他觉得必须打破僵局，于是他开始说话。见此情形经理真恨不得在桌下踢他一脚。经理向他摇头示意让他停下来，所幸他明白经理的意思，没再说下去。就这样又窘迫地沉默了一分钟，那位老板抬起头，看到经理正舒服地仰靠在椅背等着自己说话。

他们对视着，都希望对方开口。事后那位销售员对经理说他从没见过这样的场面，简直没法理解当时的情况。随后那位老板打破了僵局。经理知道只要自己等的时间够长，对方总会先打破僵局。通常经理是一个不善言谈的人，可这次他说了足有半个小时。在他说的时候，经理尽量不插嘴。他说完后，经理说："老板，您告诉了我一些非常重要的信息，您所谈及的事比大多数人更有思想。我来此最初的想法是帮您这样一位成功人士解决问题，可通过您的谈话得知，您已为解决这些问题花了两年时间。即便如此，我还是愿意花些时间来协助您进一步把问题解决得更好。下次我再来的时候，我一定带些新主意来。"这位经理得知老板真不需要什么，再加上一些有针对性的问题，就让他了解了事情的全貌，也就知道了老板到底想要什么。这次见面给经理带来了一单大生意。

大多数人喜欢"说"而不喜欢"听"，特别是没有经验的销售人员，认为只有"说"才能够说服客户购买，但是客户的需求、客户的期望往往都是由"听"获得的。你如果不了解客户的期望，你又如何能达成取得订单的期望呢？最有效也是最重要的交谈原则与技巧是成为一位好听众。进行交流是一个双向的过程，它依赖于你能抓住听者的注意力和正确地解释你所掌握的信息。如果我们能专注倾听别人说话，自然可以使对方在心理上得到极大满足，这时我们才能集中心力去解决问题或发挥影响力。

在运用倾听技巧时，要注意以下几点：

1.专注

工作中，我们须排除干扰，集中精力，以"开放式"的姿势，认真思考，积极投入地倾听客户的陈述。

2. "听话听声，锣鼓听音"

认真分析客户话语中所暗示的用意与观点，整理出关键点，听出客户的感情色彩，以及他的弦外之音。

3. 注意隐蔽性话语

要特别注意客户的晦涩语言、模棱两可的语言，要记录下来，认真询问对方，并观察他的动作，也许他是故意用难懂的语言，转移你的视线与思路。

4. 同步

当在倾听时，要以适宜的身体语言回应，适当提问，适时保持沉默，使谈话进行下去。

善于倾听，是成熟的销售人员最基本的素质。如果你能专注地倾听客户说话，就可以使客户在心理上得到极大满足，从而有利于促成销售成功。

妥善处理客户的抱怨

在与客户交谈的过程中，我们经常会听到客户的抱怨，如价格高、质量差、服务不到位等。这种抱怨是客户不满意的一种表现，而只有重视客户的满意度，才能创造更多的客户价值，获得立足市场的资本。经调查发现，一个不满意的客户往往平均会向九个人叙述不愉快的购物经历。可见，对客户抱怨的处理至关重要，如果处理不好，我们将失去众多的客户，甚至葬送辛辛苦苦建立起来的渠道。正确对待并处理客户的抱怨，是工作的一项重要内容。

在与客户交谈的过程中，不管客户如何抱怨，我们永远不要与客户争辩，争辩不是说服客户的好方法。与客户争辩，失败的永远是我们自己。

哈瑞现在是纽约怀德汽车公司的明星销售员。他是怎么成功的呢？这是他的说法："如果我现在走进顾客的办公室，而对方说：'什么？怀德卡车？不好！你送我我都不要，我要的是何赛的卡车。'我会说：'老兄，何赛的货色的确不错。买他们的卡车绝对错不了。何赛的车是优良公司的产品，业务员也相当优秀。'

跟谁都能交朋友

　　"这样他就无话可说了，没有争论的余地。如果他说何赛的车子最好，我说不错，他只有住口。他总不能在我同意他的看法后，还说一下午的'何赛的车子最好'。接着我们不再谈何赛，我就开始介绍怀德的优点。

　　"而当年若是听到他那种话，我早就气得不行了。我会开始挑何赛的错；我越批评别的车子不好，对方就越说它好；越是辩论，对方就越喜欢我的竞争对手的产品。

　　"现在回忆起来，真不知道过去是怎么干推销工作的。花了不少时间在争辩，却没有取得有效的成果。"

　　卡耐基指出，十之八九，争论的结果会使双方比以前更相信自己是绝对正确的。要是输了，当然你就输了；如果赢了，你还是输了。为什么？如果你的胜利，是对方的论点被攻击得千疮百孔，证明他一无是处，那又怎么样？你会觉得扬扬自得。但他呢？你使他自惭，你伤了他的自尊，他会怨恨你的胜利。而且，一个人即使口服，心里也不会服。

　　一句销售行话是："占争论的便宜越多，吃销售的亏越大。"成功的销售不是与客户辩论、说赢客户，而是尽快促成交易。销售员不能语气生硬地对客户说"你错了""连这你也不懂"。这些说法明显是抬高了自己，贬低了客户，会挫伤客户的自尊心。

　　位于美国纽约自由街114号的麦哈尼公司，是一家专门经销石油工业非标准设备的公司。有一次，该公司接受了长岛石油集团公司的一批订单。长岛集团在石油界举足轻重，是麦哈尼公司的重要主顾。麦哈尼公司接受订单后不敢怠慢，抓紧时间把图纸设计好，送到长岛石油集团公司去审核。图纸经长岛石油集团公司的总工程师批准后，麦哈尼公司开始动工制造。然而，不幸的事情发生了：那位主顾是长岛石油集团公司的订货人，他在出席朋友家的私人宴会时，无意中谈起了这批订货。几个外行人竟然信口雌黄，说什么设计不合理、价格太贵等缺陷，大家七嘴八舌、叽叽喳喳。不负责任的流言飞短流长，使这位主顾产生被欺骗了的感觉。这位主顾开始时六神无主，继而觉得真有其事，最后竟拍案而起，勃然大怒。他打电话给麦哈尼先生，大发雷霆，把麦哈尼公司臭骂一顿，发誓不接受那批已经开始制造的非标准设备。说完，他啪的一声，把电话挂断。电话那头，麦哈尼先生呆若木鸡。他被骂得如丈二金刚——摸不着头脑。他还没来得及转过神，还没有申辩一句，主顾就把听筒撂了。

麦哈尼先生从事石油非标准设备制造多年，经验丰富，很懂技术。他把蓝图拿来，一一对照仔细检查，看不出半点纰漏。凭经验，他确认设计方案无误，于是乘车去长岛公司求见那位主顾。在路上，他想，如果自己坚持自己是正确的，并指责主顾在技术上错误的认识，那么必将激怒主顾，激化矛盾，使事态变得更加严重。当麦哈尼先生心情平静地推开主顾办公室的门时，那位主顾立刻从椅子上跳起，一个箭步冲过来，噼里啪啦地数落了一顿。他一边龇牙咧嘴，一边挥舞着拳头，气势汹汹地指责着麦哈尼公司。

在一个失去理智的人面前，麦哈尼先生不气不恼，两眼平静地注视着对方，一言不发。也许是麦哈尼先生不温不火的态度感染了主顾,使他发现自己对一个心平气和的人发火是没有道理的。他突然停止了指责,最后耸耸肩,两手一摊,用平和的声音说了一句:"我们不要这批货了,现在你看怎么办?"麦哈尼公司为这批订货已经投入了两万美元。如果对方不要这批货了,公司就要损失两万美元;如果与对方打官司,就会失去这家重要的主顾。麦哈尼先生是一位出色的销售员,他心平气和地说:"我愿意按照您的意愿去办这件事。您花了钱,当然应该买到满意合用的东西。"麦哈尼先生只用两句话,就平息了主顾的冲天怒气。麦哈尼先生接着开始提问:"可是事情总得有人负责才行,不知这件事该您负责,还是该我负责?"平静下来的主顾笑着说:"当然是你负责,怎么要让我负责呢?"

"是的。"麦哈尼先生说,"如果您认为自己是对的,请您给我张蓝图,我们将按图施工。虽然目前我们已经花去两万美元,但我们愿意承担这笔损失。为了使您满意,我们宁愿牺牲两万美元。但是,我提请您注意,如果按照您坚持的做法去办,您必须承担责任,因为让我们照着我们计划执行——我深信这个计划是正确的,我负一切责任。"

麦哈尼先生坚定的神情、谦和的态度、合情合理的言语,终于使主顾认识到他发脾气是没有道理的。他完全平静下来以后说:"好吧,按原计划执行,上帝保佑你,别出错!"结果当然是麦哈尼先生没有错,按期交货后,主顾又向他们订了两批货。

麦哈尼先生事后说:"当那位主顾侮辱我,在我面前挥舞拳头,骂我是外行时,我必须具备高度的自制力,绝对不能与他正面冲突。这样做的结果很值得。要是我赤裸裸地直接说他错了，两人争辩起来，很可能要打一场官司。那样的结果是：感情和友谊破裂，金钱受到损失，最终失去一位重要的主顾。在商业交往中，我深深相信，与客户争论是划不来的。"

人有一个"通病"，即不管有理没理，当自己的意见被别人直接反驳时，内心总是不痛快，甚至会被激怒。争论不能解决问题，只会引起反感和愤怒，从而引起人际关系的恶化。正面与客户争论，会让客户恼羞成怒，就算你说得都对，没有恶意，还是会引起客户的反感。因此，最好不要开门见山地对客户的反对意见完全否定，要给客户留"面子"。

在处理客户的抱怨时，我们首先要有良好的心态，保持一颗平和的心，去体谅客户的心情。对待客户的过激行为不容易，以下是妥善处理客户抱怨的几个原则：

1. 及时了解客户抱怨的原因

客户的满意度可以从三个方面来体现，即产品和服务的质量、客户的期望值、服务人员的态度与方式。既然客户抱怨是对产品不满意的表现，那么，抱怨的原因也就可以说是这三个方面出现了问题。

2. 处理抱怨的技巧

在处理客户的抱怨时，除了要依据一般程序外，还要注意与客户保持交谈，改善与客户的关系。掌握实用的技巧，有利于缩小与客户之间的距离，赢得客户的谅解与支持。

（1）心态平和。对于客户的抱怨要有平和心态，客户抱怨时常常带有情绪或者比较冲动，这时，应该体谅客户的心情，慢慢向客户解释并安抚劝导。最关键的是要及时解决问题，不要把个人的情绪变化带到对抱怨的处理之中。

（2）认真倾听。大部分情况下，抱怨的客户需要忠实的听者，"滔滔不绝"的解释只会使客户的情绪更差。面对客户的抱怨，我们应掌握好聆听的技巧，从客户的抱怨中找出客户对于抱怨期望的结果。

（3）转换角色。在处理客户的抱怨时，我们应站在客户的立场思考问题："假设自己遭遇客户的情形，将会怎样做呢？"这样能体会到客户的真正感受，找到有效的方法来解决问题。

（4）保持微笑。满怀怨气的客户在面对春风般温暖的微笑时会不自觉地减少怨气，友好合作，从而达到双方满意的结果。

（5）积极运用肢体语言。在倾听客户的抱怨时，我们要积极运用肢体语言，比如，用眼神关注客户，使他感觉受到重视；不时点头，表示肯定与支持。这些都能鼓励客户表达自己真实的意愿，并且让客户感到自己受到了重视。

只有正确面对客户的"抱怨"，虚心接受客户的批评，积极解决问题，才能更好地树立形象，赢得客户的认同。